Anny Drescher
Ein langer Weg

Leben im 20. Jahrhundert

Für meine
Cousine Karin
zur Erinnerung
an den „Hamburger
Onkel"

Anny

Dez. 1999

Titelbild: Hamburger Rathaus nach Luftangriff am 25.10.1944
Zeichnung Hans Drescher

Anny Drescher

Ein langer Weg

Leben im 20. Jahrhundert

M OHLAND Verlag

Die Deutsche Bibliothek - CIP-Einheitsaufnahme

Ein Titeldatensatz für diese Publikation ist bei Der
Deutschen Bibliothek erhältlich.

Anny Drescher
Ein langer Weg

1. Auflage November 1999
© by **MOHLAND** Verlag D. Peters Nachf.

Gesamtherstellung: Büchermaus, 25862 Goldebek
Verlag: **MOHLAND** Verlag D. Peters Nachf.
              Inh. G. Eichhorst-Kaltenbach
              Dorfstr. 9 - 25862 Goldebek

ISBN 3-932184-52-1

Dein Weg
(für meinen Vater zum 5. Todestag am 27.6.1998)

Der Weg war lang
und oft auch voller Hindernisse.
Es blühten Blumen am Wegesrand,
doch auch Disteln wuchsen dazwischen.

Der Weg war lang,
nicht immer glatt,
oft steinig und uneben.
Du bist ihn gegangen
unbeirrt und voller Zuversicht,
dass es der richtige war.

Der Weg war lang,
aber du gingst ihn nicht allein,
es begleiteten dich Liebe und Hoffnung
und führten dich bis zum Ziel.

Der Weg war lang,
er führte dich durch ein Jahrhundert
voller Unwetter und Sonnenschein,
voller Sorgen und Glück.
Er war lang, der Weg, aber es war dein Weg,
es war der richtige Weg.   A.D.Juni1998

1. Abschied

"Und damit übergeben wir seinen Leib der Erde. Aus der Erde bist du gekommen, wieder zu Erde wirst du werden. Erde zu Erde, Asche zu Asche, Staub zu Staub." Und die Erdbrocken polterten auf den Sarg, das hohle Geräusch erzeugte in der Tochter des Toten ein Gefühl der Endgültigkeit und Hilflosigkeit. Sie hatte ihm nicht mehr das gesagt, was sie eigentlich hatte sagen wollen: "Danke, Vater, für alles, wir lieben dich." Die Stimme des Geistlichen riß sie aus ihren dunklen Gedanken:
" Lasset uns beten."
Die hier Versammelten neigten das Haupt und murmelten mit dem Pfarrer gemeinsam das Vaterunser. Nacheinander traten sie an das offene Grab und erwiesen dem Toten die letzte Ehre.
Er hatte ein langes Leben hinter sich, gute und schlechte Tage, Höhen und Tiefen des menschlichen Lebens durchschritten. Jetzt war er heimgegangen, leise und friedlich, ohne Leiden, so wie er es sich gewünscht hatte, in seiner Wohnung, in der er aufgewachsen war und viele Jahre nach dem Kriege mit seiner Frau gelebt hatte, glücklich war und auch dunkle Tage überstanden hatte. Die Familie, soweit sie hier stand, war auf seinen Tod vorbereitet gewesen, denn seine Kräfte hatten langsam, aber stetig abgenommen. Seinen 89. Geburtstag hatte er noch zusammen mit seinen Lieben gefeiert, darauf hatte er den Rest seiner Kräfte konzentriert.
Dass er so lange durchgehalten hatte, hing wohl auch mit

dem Wunsch und der Hoffnung zusammen, dass ein Sohn, der sich unverständlicherweise von ihm abgewandt hatte, an seinem Geburtstag zu ihm zurückkehren möge.

Wer war dieser einfache Mann wirklich gewesen? Wem hatte er etwas bedeutet und warum dieser unselige Zwist zwischen Vater und Sohn? "Kein Mensch ist unfehlbar. Im Umgang mit anderen machen wir sicher oft Fehler", dachte die Tochter. Sie war weit davon entfernt, ihrem Vater einen Glorienschein aufzusetzen. Er war auch oft labil gewesen und hatte Versprechungen nicht immer gehalten, weil er sie wahrscheinlich zu leichtfertig gegeben hatte. Aber er war kein schlechter, boshafter Mensch gewesen, wie sie einem immer wieder im Leben begegnen.

Mit Geld hatte er schon als junger Mensch nicht umgehen können, er war zu großzügig und gab oft mehr, als er eigentlich gedurft und gekonnt hätte. Daher hatte die Mutter immer die Kasse geführt.

Dabei war er trotz allem immer fleißig und sparsam gewesen, wenn es darauf ankam. Wer warst du, Vater? Haben deine Kinder dich wirklich gekannt?

* * *

2. Geburt - Adoption - Eltern und Pflegeeltern

Mina entstammte einer gutsituierten Bürgerfamilie. Die acht Jahre ältere Schwester Olga hatte wie sie die "Höhere Töchterschule" besucht und dann gleich einen Lehrer geheiratet, der auf einer Ostsee-Insel beheimatet war. Sie hatte ihn kennengelernt, als sie in den Ferien mit ihren Eltern dort in einer Pension wohnte. Er war ein Freund des Sohnes ihrer Gastgeber.

Schon nach drei Jahren Ehe hatte sie zwei Töchter. Es war nicht immer leicht, mit dem Lehrergehalt auszukommen, aber die Eltern der jungen Frau halfen aus, so gut sie konnten. Ob sie glücklich war, konnte niemand mit Gewißheit sagen, aber sie hatte glücklich zu sein, denn was wollte eine Frau mehr, als einen Mann, der sie gut versorgte und eine angesehene Stellung hatte. Angesehen war Ralf als Lehrer in dem kleinen Ostseedorf, in dem hauptsächlich Fischer wohnten, auf jeden Fall. Sie verkehrten im Haus des Bürgermeisters, und der Pfarrer war an besonderen Feiertagen bei ihnen zu Gast. Außerdem war es allen Einwohnern bekannt, dass die Lehrersfrau die Tochter eines vermögenden Reeders war, und man begegnete ihr auch aus diesem Grund mit dem nötigen Respekt.

Außer der Ausbildung in der "Höheren Töchterschule" hatten die beiden Töchter des Reeders Erik Maack nur gelernt, feine Handarbeiten anzufertigen und ein wenig Klavier zu spielen. Es war in den Kreisen, aus denen sie stammten nicht üblich, dass Mädchen auch eine

Berufsausbildung bekamen. Junge Mädchen hatten eine gute Partie zu machen, sich zu pflegen und für den Gatten zu repräsentieren. Für die groben Arbeiten hatte man Bedienstete, für die Kinder ein Kindermädchen.

Als Mina achtzehn Jahre alt war, durfte sie als Belohnung für den guten Schulabschluß für sechs Wochen ihre Schwester in dem Ostseedörfchen besuchen. Die Eltern hatten eine Auslandsreise vor und waren froh, das lebhafte Mädchen bei ihrer älteren Tochter in guter Hut zu wissen. Olga erwartete ihr drittes Kind, neigte ein wenig zur Schwermut und konnte eine Aufheiterung durch die jüngere Schwester sicher gut gebrauchen.
Es war ein heißer August im Jahre 1903. Die Menschen stöhnten unter der Hitze, obgleich dort an der See immer ein leichter Wind wehte. Aber man hatte den Eindruck, dass selbst dieser Wind aufgeheizt war.
Ralf, der Schwager, schlug seinem jungen Besuch vor, ein Bad im Meer zu nehmen.
"Aber ich kann nicht schwimmen, ich traue mich nicht allein!"
"Ich werde dir das Schwimmen beibringen, meine Schulkinder haben es auch bei mir gelernt. Dass ein achtzehnjähriges Mädchen nicht schwimmen kann, ist hier bei uns absolut ungewöhnlich."
"In der Stadt haben wir kaum Möglichkeiten es zu lernen", verteidigte Olga ihre Schwester. "Sieh man zu, dass du sie mir heil wiederbringst und sie nicht ertrinkt", witzelte sie.
So zogen die beiden unter Lachen und Schäkern an den

10

Strand. Mina verkroch sich zum Umziehen in eine der hölzernen Umkleidekabinen, von denen ein paar hinter dem Deich standen. Ralf erledigte das am Strand und lachte über seine prüde kleine Schwägerin. Er war ein moderner junger Mann und dachte in allem viel freier, als die in strengen Konventionen aufgewachsenen Schwestern.

Mit geröteten Wangen erschien Mina dann am Strand. Ralf erfreute sich an der schlanken, grazilen Gestalt des Mädchens. Männer allen Alters drehten sich nach ihr um.

Olga war nach den Kindern nie wieder so schlank geworden, sie neigte zur Fülle wie ihre Mutter. Mina hingegen war mehr dem Vater nachgeraten.

Das Mädchen war es nicht gewohnt, von so vielen Männeraugen bewundernd betrachtet zu werden und errötete noch mehr, was sie um so reizvoller erscheinen ließ.

Schnell wandte sie sich dem Wasser zu und überwand den ersten Schrecken, den das kühle Wasser erzeugte und tauchte in das ungewohnte Naß. Ralf nahm sie an die Hand und zog sie tiefer hinein.

Sie mußten sich ein ganzes Stück vom Strand entfernen, ehe die "Schwimmstunde" beginnen konnte, denn das Wasser war ziemlich seicht. Das war Mina ganz recht, konnte sie doch so den dreisten Blicken der heimlichen Bewunderer entkommen.

Ralf erklärte Mina, welche Bewegungen sie zu machen habe. Ernsthaft sah sie zu und bemühte sich, ihre Angst zu überwinden.

Ralf streckte seinen Arm aus und sagte: "Lege dich auf meinen Arm, ich halte dich. Mache die Schwimmbewegungen, wie ich sie dir gezeigt habe. Du wirst sehen, das Wasser trägt dich."

Solange sie Ralfs Hand fühlte, ging es auch ganz gut. Nach etlichen Schwimmzügen ließ er sie aber los. Gleich erfaßte sie Panik, und sie geriet mit dem Kopf unter Wasser. Der Mann griff sofort zu und hob sie hoch. Prustend und hustend hing sie in seinen Armen.

"Du armes Kleines", sagte er zu ihr und strich ihr eine nasse Haarsträhne aus dem Gesicht, die unter ihrer Badekappe hervorgekrochen war. Voller Angst schmiegte sie sich an ihn. Einem plötzlichen Impuls folgend, neigte er sich über sie und küßte sie sanft auf den Mund. Die Reaktion des Mädchens war für ihn dann aber ganz unerwartet. Er hätte geglaubt, dass sie ihn voller Entrüstung von sich stoßen würde. Aber statt dessen erwiderte sie seinen Kuß mit einer solchen Leidenschaft, dass er vergaß, wo er war und wer er war.

Als die beiden wieder zu sich kamen, merkten sie, dass sie vom Strand aus beobachtet wurden. "Komm, Minchen, laß uns nach Hause gehen", flüsterte Ralf und zog sie mit sich fort aus dem Gesichtskreis der Badenden.

In den nächsten Tagen ging Mina ihrem Schwager wo immer es ging aus dem Weg. Jedes Mal, wenn er versuchte, sie einmal allein zu sprechen, ging sie sofort mit einem Vorwand aus dem Zimmer.

Sie begann, ihre Schwester Olga genauer zu beobachten, merkte, dass diese launisch war und oft schroffe

Antworten gab, wenn ihr Mann sie etwas fragte. Mina meinte, das sei eine Folge ihrer Schwangerschaft, unter der Olga dieses Mal besonders zu leiden hatte. Bei den beiden Mädchen war es anders gewesen, da hatte sie blühend ausgesehen und hatte so gut wie keine Beschwerden. Jetzt litt sie unter häufiger Übelkeit, Rückenschmerzen und Schlaflosigkeit.

Mina nahm ihr, so oft sie konnte, die beiden sehr lebhaften Kinder ab. Olga war ihr dankbar dafür und zog sich immer mehr von ihren Hausfrauen- und Mutterpflichten zurück. Mina übernahm es, für die Kinder zu sorgen, mit ihnen zu spielen, mit ihnen auszugehen und sie abends ins Bett zu bringen. Sie erzählte ihnen Märchen und sang sie in den Schlaf, während Olga auf der Couch lag und sich nur ganz selten im Kinderzimmer sehen ließ.

Eines Nachts klopfte Ralf aufgeregt an Minas Tür. "Mina, wach auf, ich muß Olga ins Krankenhaus bringen. Sie meint, das Kind kommt. Dabei ist es doch noch viel zu früh."

"Willst du nicht die Hebamme holen?"

"Nein, Olga will sie nicht, sie möchte ins Krankenhaus."

Schnell zog Mina sich einen Morgenrock über und half der jammernden Schwester, die notwendigen Dinge für die Klinik zu packen.

"Hab keine Sorge, ich passe gut auf die Kleinen auf. Es wird schon alles gut werden", tröstete sie Olga, als sie ihr auf den Wagen geholfen hatte.

"Fahr vorsichtig, Ralf", sagte sie noch, als dieser die Pferde antrieb.

Ralf kam erst am Nachmittag zurück, müde und abgespannt. Er hatte alle Untersuchungen abgewartet, und erst als der Arzt ihm versicherte, es würde noch einige Tage dauern, bis das Kind geboren würde, hatte er sich auf den Heimweg gemacht.

"Der Arzt meint, jeder Tag, den das Kind noch im Mutterleib bleibt, ist für seine Entwicklung positiv, daher hat man Olga ganz ruhig gestellt", berichtete er seiner Schwägerin. "Nun bin ich doch froh, dass sie nicht im Haus geblieben ist. Sicher ist sie dort unter ärztlicher Aufsicht besser aufgehoben."

"Leg dich erst einmal schlafen", sagte Mina fürsorglich, nachdem sie ihm ein kräftiges Frühstück gemacht hatte.

Am Abend, nachdem die Kinder ins Bett gebracht waren, wollte sie sich gleich zurückziehen, aber Ralf verstellte ihr den Weg. "Minchen,", sagte er, "warum gehst du mir aus dem Weg? Hast du Angst vor mir?"

"Nein", antwortete sie, "ich habe Angst vor mir."

"Ich will deine Schwester nicht kränken, aber du hast sicher gemerkt, dass sie es mir nicht gerade leicht macht."

"Aber Ralf, sie ist schwanger und leidet unter diesem Zustand."

"Ja, weil sie ihn nicht wollte. Ich habe mit sehr viel Mühe eine Abtreibung verhindert. Das trägt sie mir nach, und unser Verhältnis ist nicht gerade besser dadurch geworden."

"Ist es nicht auch ein bißchen viel, drei Entbindungen in so kurzer Zeit?"

"Sie wußte, dass ich Kinder wollte. Nie hat sie mir vor

14

unserer Hochzeit gesagt, dass sie eigentlich Kinder gar nicht mag. Du bist viel liebevoller zu den Kleinen, und sie hängen sehr an dir. Ich glaube, ich habe die falsche Frau geheiratet."

Er stand ganz dicht vor ihr und spürte, dass sie zitterte.

"Minchen, ich kann nichts dagegen tun, ich liebe dich, und ich glaube, dass ich dir auch nicht ganz gleichgültig bin."

Er zog sie noch näher an sich, und dieses Mal zerbrach ihr Widerstand. Ja, sie liebte ihn, sie war zutiefst unglücklich und glücklich zugleich.

Sie vergaß ihre Schwester, ihre Eltern, ihre Erziehung und alles, was aus dieser verbotenen Liebe entstehen konnte. Sie lebte nur für diesen Augenblick, für diese Stunde.

Einige Tage später kam Olgas Sohn zur Welt, einen Monat zu früh, aber gesund, nur sehr klein. Als sie aus der Klinik zurückkam, hatte Mina ihre Koffer schon gepackt. Sie fuhr noch am selben Tag nach Haus zurück, denn es war ihr unmöglich, Olga in die Augen zu sehen.

* * *

Mina versuchte zu vergessen. Das einst lebhafte Mädchen wurde still und in sich gekehrt. Als dann ein Bekannter ihres Vaters, ein junger Kapitän, um ihre Hand anhielt, nahm sie nach kurzem Zögern zur Freude ihrer Eltern an. Sie mochte den lustigen jungen Mann, aber ihre Liebe gehörte einem anderen, der für sie unerreichbar war.

Weil der Kapitän noch eine mehrmonatige Reise vor sich hatte, beschlossen sie, erst im Herbst des nächsten Jahres, wenn er zurück war, zu heiraten.

Der Abschied war freundschaftlich, aber von Minas Seite ziemlich zurückhaltend.

Sie ließ es zu, dass er sie zum Abschied küßte, aber Kapitän Tohmsen machte sich weiter keine Gedanken darüber, dass sie seinen Kuß steif und kühl hinnahm, ohne selbst ein Gefühl zu zeigen.

"Es ist die Scheu eines jungen Mädchens", dachte er sich und nahm sich vor, ihr Zeit zu lassen und sie zu nichts zu drängen.

Tohmsen war gerade eine Woche auf See, als Mina sich klar darüber wurde, dass sie von Ralf schwanger war. Zuerst packte sie panisches Entsetzen, dann versuchte sie, es vor den anderen zu verbergen, solange es ging. Ihre Mutter beobachtete sie mißtrauisch.

Eines Morgens lief Mina jedoch vom Frühstückstisch weg, ihr war so entsetzlich übel, dass sie nicht anders konnte. Die Mutter kam nach. "Mina, was ist? Da stimmt doch etwas nicht mit dir!"

"Ich bekomme ein Kind!" stieß sie zwischen den Zähnen hervor und versuchte, der Übelkeit Herr zu werden.

"Um Gottes Willen, weiß der Kapitän es schon?"

"Es ist nicht von ihm. Ich bin schon fast im fünften Monat." Jetzt war es heraus, es war ihr alles egal. Mochten die Eltern sagen, was sie wollten.

Die Mutter erbleichte. Das hatte sie nicht erwartet. Ein Kind von Tohmsen, nun ja, dann hätte man eben schnell geheiratet, aber ein Kind von einem anderen Mann. Sie

16

kämpfte mit einer Ohnmacht.

"Hast du dich etwa an einen Urlauber weggeworfen?" fragte sie dann mit heiserer Stimme.

"Nein, aber frage nicht so viel, ich sage euch nicht, wer der Vater ist."

Mina drehte sich um und ließ ihre fassungslose Mutter zurück. Sie schloß sich in ihr Zimmer ein und kam an diesem Tag nicht wieder heraus.

Als Vater Maack am späten Nachmittag aus dem Büro nach Hause kam, fand er eine völlig verzweifelte Frau im Wohnzimmer am Fenster stehend vor. "Nanu, was ist denn hier passiert?" fragte er, als er sah, dass seine sonst so nervenstarke Gattin rotgeweinte Augen hatte.

Wieder brach sie in Tränen aus und berichtete ihm unter Schluchzen das große Unglück, das ihre jüngste Tochter über die Familie gebracht hatte. "So eine Schande! So eine Schande!" jammerte sie immer wieder.

Erik Maack schwieg, er schwieg lange. Minchen war immer sein Liebling gewesen. Auch jetzt empfand er mehr Mitleid mit ihr, als Zorn. Sicher erwartete seine Frau von ihm, dass jetzt ein Donnerwetter über seine Tochter hereinbrechen müßte, dass er sie verstoßen würde.

"Laß uns gut überlegen, was wir tun müssen", sagte er dann ganz ruhig. "Wenn sie im fünften Monat ist, wird das Kind Ende Mai auf die Welt kommen. Tohmsen kommt frühestens im Juli zurück. Bis dahin werden wir eine Pflegestelle für das Kind gefunden haben. Ich werde mit Minchen sprechen. Überlaß das mir."

"Du willst Tohmsen das Kind verschweigen?"
"Wenn es nötig ist, ja. Ich möchte nicht, dass dieses Kind unserem Minchen die Zukunft verdirbt. Sie hat einen Fehler gemacht, aber wir müssen ihr helfen, diesen Fehler zu korrigieren."
Er ging und klopfte an Minas Zimmertür. Zuerst regte sie sich nicht. Als er dann aber recht liebevoll sagte, dass er ihr doch helfen wolle, dazu seien Eltern doch da, öffnete sie ihm die Tür. Über das, was Vater und Tochter miteinander besprachen, ließen sie kein Wort verlauten.

Minchen packte am nächsten Tag ihre Koffer und fuhr zu einer alten Freundin der Familie, die sie freudig aufnahm und auch über das kommende Kind kein Wort verlor. Es waren schöne und ruhige Wochen, die die junge Frau dort verlebte. Jede Woche bekam sie einen Brief von ihrem Verlobten nachgeschickt. Auch Olga schrieb ihr liebe lange Briefe. Nach der Geburt des kleinen Franz schien in ihrer Ehe wieder alles zu stimmen.

Mina saß oft draußen im Garten, lauschte auf die Lebenszeichen ihres Kindes und versuchte sich vorzustellen, wie es sei, wenn es nicht mehr ihr gehörte, wenn es fern von ihr bei fremden Menschen aufwachsen würde. Der Vater konnte das nicht von ihr verlangen. Mehrere Male war sie entschlossen, nicht auf seinen Vorschlag einzugehen, dann wieder fürchtete sie die Schande für die Familie und fand sich endlich nach schweren inneren Kämpfen mit dem Gedanken an eine Adoption ab. Ihre alte Betreuerin konnte ihr auch keinen anderen Rat geben.

"Sieh nur, mein Kind", sagte sie, "das Kleine braucht eine richtige Familie, Vater und Mutter. Wenn du es nicht zur Adoption freigibst, wird der Kapitän dich sicher nicht heiraten, niemand wird dich mehr nehmen wollen. Du weißt doch, wie man in der Gesellschaft denkt. Du machst dich, den Kapitän und das Kind unglücklich. Von deinen Eltern ganz zu schweigen. Vielleicht ergibt sich eine Möglichkeit, dass du seine Entwicklung und sein Leben von fern miterleben kannst. Es muß ja nicht gesagt sein, dass man das Kind weit wegbringen wird." So beruhigte sich Minchen langsam und begann über eine Möglichkeit nachzudenken, wie sie später Kontakt mit ihrem Kinde aufnehmen könnte.

Ende Mai 1904 wurde dann Erik Maack junior geboren. Ganze vier Wochen durfte die junge Mutter sich noch ihres Kindes erfreuen, dann kam der Vater und nahm ihn mit. Mina mußte ihn hergeben, Vater Maack hatte Pflegeeltern für ihn gefunden. Die junge Mutter hatte nicht die Kraft, sich gegen dieses Schicksal aufzulehnen.

* * *

Der Schuhmachergeselle Hinrich Fricke hatte eine Großbauerntochter geheiratet. Mit ihrer Mitgift hatte sich das junge Ehepaar eine nette kleine Wohnung in der Stadt eingerichtet. Um eine Schuhmacherwerkstatt aufzumachen, hätten sie aber mehr Geld gebraucht. Darum beschloß der tatkräftige junge Mann, eine Stellung in der

Ölindustrie anzunehmen. Er scheute keine Arbeit, und sie hatten ihr gutes Auskommen. Nur eins trübte ihr Glück, sie bekamen keine Kinder. Nach zehnjähriger kinderloser Zeit lernte Hinrich beim Beladen eines Tankers den Inhaber der Reederei kennen. Die beiden Männer waren sich auf Anhieb sympathisch. Erik Maack erkundigte sich nach der Familie des jungen Mannes. "Es geht uns so weit gut. Wir haben alles, was wir brauchen und das, was wir uns sehnlichst wünschen, können wir uns leider nicht kaufen", seufzte Hinrich.

Erik Maack horchte auf. Er lud Hinrich und seine Frau zu sich ein, um beide näher kennenzulernen, und bald war man sich einig. Das Ehepaar würde mit großer Freude den kleinen Erdenbürger zu sich nehmen. Ungeduldig erwarteten sie den Tag, an dem sie das Bübchen, das auf den Namen Erik getauft war, in das gleich liebevoll vorbereitete Himmelbett legen konnten.

So wurde nach etlichen notariell beglaubigten Unterschriften aus Erik Maack ein Erik Fricke. Diesen Namen trug er viele Jahre, auch dann noch, als er über seine wahre Herkunft längst aufgeklärt war.

* * *

20

3. Schulzeit im Kaiserreich

Hinrich und Alma Fricke waren glücklich mit dem Kind. Sie liebten es wie ihr eigenes und erzogen es nach den damals üblichen, ihrem Stande entsprechenden Regeln zu Ehrlichkeit, Fleiß und Gehorsam, Gehorsam gegenüber den Eltern und der Obrigkeit. Als er schulpflichtig wurde, schickten sie ihn auf die Mittelschule, denn er war ein kluger kleiner Kerl, dem das Lernen Freude machte. Außerdem fühlten sie sich dazu verpflichtet, ihr Kind nicht nur auf die Volksschule zu schicken. Seit dieser Zeit bekamen sie von unbekannter Seite jeden Monat eine bestimmte Summe zugeschickt. Damit konnten sie das damals übliche Schulgeld zahlen. Da sie mit der Familie Maack abgesprochen hatten, nicht zu fragen, wer Vater und Mutter des Kindes waren, fragten sie auch nicht nach dem Absender des Geldes.
Erst als die Geldsendungen aufhörten, erfuhren sie, dass der Absender verstorben sei. Später hörte auch Erik von ihnen, dass sein leiblicher Vater dieses Geld geschickt hatte, da er sich für das Kind verantwortlich fühlte.

Die Schulzeit war alles andere als eine leichte Zeit. Obgleich Erik gut lernte, litt er oft unter den sehr strengen Lehrern, die absoluten Gehorsam mit dem Rohrstock erzwangen. Später erzählte er seinen Kindern, wenn sie Klagen über zu strenge Lehrer äußerten, von einem Lehrer, der, wenn er sich ärgerte, über die Bänke ging, jeden der Jungen vom Sitz hochzog und ihm drei harte Stockschläge auf den Allerwertesten gab. Für ein sensibles Kind war es schwer, so etwas zu ertragen. Die Jungen begannen dann, sich Hefte und Bücher in die Hose zu stecken, um das Schlimmste abzuwehren. Trotz alledem oder gerade deshalb wollte Erik Lehrer werden, aber ein anderer Lehrer, als diese Rohrstockschwinger.

Er lernte mit Begeisterung die englische Sprache, und manchmal war er seinen Eltern geradezu unheimlich in seiner Wißbegierde.

Sie hatten auf dem Lande in der Dorfschule gerade die notwendigsten Dinge für das tägliche Leben gelernt und waren der Ansicht, dass man kaum mehr brauchte, um ein ordentlicher Handwerker oder Arbeiter zu werden. Als sie von seinem Wunsch, Lehrer zu werden hörten, lachten sie nur und sagten, den Gedanken solle er sich aus dem Kopf schlagen, das wäre kein Beruf für einen Jungen seiner Herkunft.

Erik aber träumte weiter diesen Traum und erzählte seinen Eltern nie wieder etwas von seinen Zukunftswünschen. Andererseits wußte er schon sehr früh, dass man für die Verwirklichung dieses Wunsches Geld und eine entsprechende Ausbildung brauchte. Das aber war in seinem Fall sicher unmöglich.

* * *

Der elfjährige Schuljunge in dem ungeliebten Matrosenanzug

4. Der erste Weltkrieg,
Hungerjahre - Lehre - Inflation

Als Erik 10 Jahre alt war, begann der erste Weltkrieg. Hinrich Fricke, ein treuer Anhänger des Kaisers, wurde eingezogen und kam an die Westfront. Erik vermißte den Vater sehr, denn dieser war stets freundlich und ausgleichend gewesen im Gegensatz zu der sehr strengen Mutter. Ein Erlebnis im zweiten Kriegsjahr 1916 war bedeutsam für Eriks Verhältnis zur Mutter. In der Schule wurde verkündet, dass der Kaiser am nächsten Tag durch die Stadt fahren würde. Alle Schulkinder wurden herausgeputzt mit ihren schönsten Sonntagskleidern. Erik mußte den damals traditionellen Matrosenanzug anziehen, den er gar nicht mochte und stand dann mit seinen Klassenkameraden an der Hauptstraße Spalier. Die Geduld der Kinder wurde auf eine harte Probe gestellt, aber endlich hörte man in der Ferne Hurra-Rufe und kurze Zeit später kam der Wagen des Kaisers, eskortiert von Husaren auf rassigen Pferden, vorbeigerauscht. Man sah eine Hand aus dem Fenster winken, die Kinder wedelten mit den Papierfähnchen, die man schon in der Schule von Amts wegen verteilt hatte. Alle riefen laut "Hurra" und dann war der Kaiser vorbei, ohne dass man ihn richtig gesehen hatte.

Als die Jungen zurück zur Schule gingen, machten sie ihrer Enttäuschung Luft. So lange hatten sie gestanden und so gut wie nichts gesehen.

Das sagten sie auch ihrem Lehrer, nannten es Schwindel,

es sei vielleicht gar nicht der Kaiser gewesen, der da die Hand herausgehalten hätte. Der Lehrer nannte das, was einige Jungen sagten, Majestätsbeleidigung, denn er war absolut kaisertreu und verlangte den nötigen Respekt von den Kindern. Er verordnete also der Klasse eine Stunde Nachsitzen, um ihnen diesen Respekt gegenüber dem zu verehrenden Herrscher beizubringen und befahl, einen Aufsatz über das Kaiserhaus zu schreiben. Das, was Erik dann ablieferte, erregte den Unmut des Lehrers. Der Junge wußte nicht viel über die Hohenzollern, und schrieb nur, dass der Kaiser seinen Vater zu den Soldaten geholt hatte, und dieser sich im Krieg totschießen lassen sollte. Als letzten Satz hatte er geschrieben: "Mein Vater ist ein Land-sturm-Mann des Kaisers. Er hockt in einem Schützengraben in Frankreich, und der Kaiser fährt in einer schönen Kutsche durch das Land und durch unsere Stadt. Aber gesehen haben wir ihn nicht."

Es stand dann auch ein Tadel und eine entsprechend schlechte Note darunter. Ein zwölfjähriger Junge hatte sich kein Urteil darüber zu erlauben, was ein Kaiser zu tun und zu lassen hatte und wie er sich der Bevölkerung präsentierte.

Zu Haus war die Mutter über den Aufsatz ihres Jungen so empört, dass sie ihm mit dem Teppichklopfer eine gehörige Tracht Prügel verabreichte.

Er hat ihr das niemals ganz verzeihen können, denn in der Zeit damals hörte man in den Familien seiner Mitschüler immer offener Kritik an den Herrschenden, und der Hunger, den im Laufe der nächsten Monate besonders das

Volk zu spüren bekam, nahm zu und brachte den Sozialisten immer mehr Anhänger.

Mutter Fricke fuhr mehrmals im Laufe eines Monats in ihr Heimatdorf und versuchte, bei ihren Verwandten Kartoffeln und Gemüse und vielleicht auch ein Stückchen Fleisch für sich und den Jungen zu erbitten. Das, was sie dann mit nach Hause brachte, war für Erik ein Zeichen dafür, dass selbst Verwandte nicht unbedingt bereit waren, einander zu helfen, sondern auch da die Habgier und der Neid wuchsen. Seine Mutter brachte im Laufe der Zeit viele Dinge aus ihrem Haushalt aufs Land, die ihr wertvoll erschienen und an denen ihr Herz hing, aber der Hunger war zu groß. Oft hatte sie für Erik nur eine Steckrübenscheibe als "Schulbrot" mitzugeben.

Der Junge lief in dieser Zeit manchmal mit seinen Klassenkameraden durch die Stadt, horchte auf das, was die Arbeiter miteinander redeten, sah ihre ausgemergelten Gesichter und spürte die zunehmende Kriegsmüdigkeit. Der Vater schrieb nur kurze Karten von der Front, darauf waren Soldaten abgebildet, die auf Wache standen oder in Schützengräben lagen. Darunter stand: "Lieb Vaterland, magst ruhig sein, fest steht und treu die Wacht am Rhein." Erik sammelte sie in einem alten Schuhkarton. Oft warteten sie viele Tage, manchmal Wochen auf Nachricht. Einmal nur war der Vater in diesen Kriegsjahren auf Urlaub gekommen, als er das Eiserne Kreuz bekommen hatte. Das war aber schon lange her, und Erik stand oft vor dem Foto, das damals gemacht wurde, Vater in Uniform,

Mutter in ihrem besten Kleid und der Junge in seinem Matrosenanzug.

In der Schule machten die ältesten, bereits pensionierten Lehrer Dienst, die jungen waren längst alle zu den Waffen gerufen.

Dann brach 1918 bei der Marine der Aufruhr aus, und endlich kam dann nach vier Jahren das Kriegsende. Der Kaiser dankte ab, die Menschen atmeten auf und warteten auf die Heimkehr ihrer Söhne, Brüder und Männer. Hinrich Fricke kam aus Frankreich glücklich zurück, eine Gefangenschaft war ihm erspart geblieben.

* * *

Während des Krieges hatte Erik in den Ferien mehrere Male Tante Mina besuchen dürfen, die in einem feinen Haus an der Elbchaussee wohnte. Wie sie mit ihm verwandt war, erklärte ihm niemand. Aber es interessierte ihn auch nicht sehr, ihm war es genug, dass er dort liebevoll verwöhnt wurde und vieles durfte, was er zu Hause bei seinen ziemlich strengen Eltern nicht durfte und konnte.

Tante Mina war mit einem Kapitän verheiratet, der ihn einmal auch, als er auf Urlaub war, mit auf sein Schiff genommen hatte.

Da er ein guter Schwimmer war, durfte er auf der Elbe mit einem Boot rudern, ohne dass man ihm viele Verhaltensregeln gab.

"Du bist groß und vernünftig genug und kannst auch gut

schwimmen", hatte der Kapitän zu ihm gesagt. "Ich vertraue dir, dass du nicht leichtfertig handelst." Das stärkte das Selbstbewußtsein des Jungen sehr.

Er verehrte den Kapitän und die Tante und war immer betrübt, wenn die Ferientage dort in Blankenese zuende gingen. Der Kapitän brachte ihn dann nach Ablauf der Ferienwoche wieder zur Mutter zurück.

Tante Mina und der Kapitän Tohmsen hatten keine Kinder, er wurde daher sehr verwöhnt. Er durfte in einem schönen Zimmer schlafen, bekam gute Bücher zum Lesen und freute sich immer schon auf die nächsten Ferien.

Nach der großen Seeschlacht im Skagerrak am 31.5.und 1.6. 1916 kam der Kapitän aber nicht zurück. Er war mit seinem Schiff untergegangen. Erik trauerte um ihn, denn dieser Mann hatte sehr viel Verständnis für ihn gezeigt und war ihm ein guter Freund geworden.

Zu Tante Mina ging er dann nur noch einmal. Seine Eltern wollten es nicht mehr, denn die Tante hatte ihn in seinem Wunsch bestärkt, Lehrer zu werden. Frickes nahmen ihr das sehr übel, denn sie waren nach wie vor gegen einen "Studierten". Um ihm diese Flausen, wie sie es nannten, auszutreiben, nahmen ihn darum vorzeitig gegen seinen Wunsch mit 14 Jahren von der Schule und gaben ihn in eine Schlosserlehre. Es wäre ihnen auch nicht möglich gewesen, in der schweren Nachkriegszeit das Schulgeld noch weiter aufzubringen.

Genauso wenig hätten sie ein Studium oder einen längeren Seminarbesuch finanzieren können. Der Junge mußte sich also damit abfinden.

Die Zeit, die dann in den zwanziger Jahren auf sie zukam, war hart, denn durch die Inflation verloren sie alle ihre Ersparnisse.

Hinrich konnte zwar seine alte Arbeit wieder aufnehmen, kam aber jeden Tag mit höheren Geldsummen, zum Schluß mit Millionen nach Hause, die so gut wie nichts mehr wert waren. Die Unternehmer wußten sich nicht anders zu helfen, als ihren Arbeitern Tag für Tag ihren Lohn auszuzahlen, damit sie wenigstens noch etwas dafür kaufen konnten, denn oft war am nächsten Tag das Geld schon wieder nichts mehr wert und man konnte nicht einmal ein Brot für seinen Tageslohn kaufen. Die Zahlen auf den täglich frisch gedruckten Geldscheinen nahmen schwindelnde Höhen an. Nullen, Nullen und noch mehr Nullen, Zahlen, die man kaum noch lesen konnte.

Es fiel Erik nicht immer leicht, in der schmutzigen, lärmenden Fabrik zehn Stunden jeden Tag auszuharren und die oft groben Gesellen zu ertragen.

Glücklicherweise hatte er ein paar Mitlehrlinge dabei, mit denen er sich gut verstand. Bald kamen sie auch in ihrer knappen Freizeit zusammen, traten in einen Sportverein ein und trainierten sonntags zusammen auf dem Sportplatz. Die Eltern konnten allerdings hierfür kein Verständnis aufbringen, aber der Junge wurde jetzt langsam selbständig und setzte seine Wünsche durch.

Nach Beendigung der Lehrzeit überraschte er seine Eltern damit, dass er sich für einen Tanzkurs angemeldet hatte. Die Gebühr hierfür hatte er sich Woche für Woche von seinem kärglichen Taschengeld abgespart, denn das meiste seines ohnedies geringen Lohnes mußte er zu Hause als Kostgeld abgeben.

In den Augen der Eltern war das weggeworfenes Geld, aber außer immer wieder laut zu protestieren, wenn er zum Tanzen ging, konnten sie nichts dagegen tun.

Er hatte in dieser Zeit oft ernsthafte Differenzen mit der Mutter, die der Vater dann wieder auszugleichen versuchte.

Langsam hatte die Wirtschaft sich stabilisiert. Es gab zwar immer mehr Arbeitslose, aber diejenigen, die Glück hatten, eine verhältnismäßig sichere Stellung zu besitzen, konnten aufatmen, die Reichsmark wurde eine verläßliche Währung.

Erik hatte einen festen Freundeskreis, mit dem er am Wochenende zusammen war. Die jungen Leute suchten nach der schweren Zeit Abwechslung und ein wenig Vergnügen. Das preiswerteste Vergnügen war der Tanzsaal im Zentrum der Stadt.

"Gehst du schon wieder schwofen?" fragte die Mutter. "Hast du nichts besseres zu tun?"

Aber was sollte er anderes tun. In der kleinen Wohnung gab es keine Arbeit für ihn. Bücher kannten die Eltern so gut wie gar nicht. Außer der Tageszeitung hatte er seinen Vater nie etwas anderes lesen sehen. Außerdem zog es ihn zu seinen Freunden. So ging er denn trotz ihres Protestes wieder auf den Tanzsaal. Er war inzwischen ein gut aussehender, sportlich trainierter junger Mann geworden, nach dem sich die Mädel umdrehten.

Trotzdem hatte er sich nie eine Freundin gesucht, denn

seine schmale Geldbörse erlaubte ihm keine größeren Ausgaben, als den Eintritt zum Tanzvergnügen und vielleicht ein kleines Bier.

Heute stand er etwas verloren in der Tür des Saales, als ihm ein kleines zierliches Mädchen auffiel, die allein an einem Tisch saß und gerade einen etwas aufdringlichen, ziemlich stupide aussehenden Burschen abgewiesen hatte. Dieser wollte sich aber nicht mit dem Korb zufrieden geben und redete laut auf sie ein. Erik merkte, dass die Kleine sich nicht mehr zu helfen wußte und sich hilfesuchend umblickte.

Ohne sich lange zu besinnen, ging er auf den aufdringlichen Kerl zu, verneigte sich vor dem Mädchen und sagte aufs Geratewohl: "Entschuldige, ich habe mich etwas verspätet. Jetzt wollen wir tanzen." Er nahm sie bei der Hand und zog sie hoch, willig folgte sie ihm.

"Bitte verzeihen Sie mir", sagte er dann, als sie sich auf der Tanzfläche befanden. "Ich sah keinen anderen Ausweg, Sie von diesem Aufdringling zu befreien, als so zu tun, als ob wir zusammengehörten."

Sie sah ihn freundlich und offen an, in ihren blauen Augen blickte der Schalk. "Mir gefällt Ihre schnelle Reaktion. Ich heiße Doris und bin heute zum ersten Mal mit einer Freundin hier. Sie hat aber schon einen festen Freund, und ich wurde gleich von diesem Riesen belagert, der mir sofort unsympathisch war."

"Da kann ich ja von Glück sprechen, dass ich Ihnen nicht so unsympathisch bin und Sie mir keinen Korb gegeben haben", entgegnete er und schwenkte sie im Walzertakt fröhlich und ausgelassen. Er sah hinunter auf ihre schönen schwarzen Haare, spürte, dass er hier einem ganz besonderen Wesen begegnet war, das er nicht so schnell wieder loslassen würde.

Auch das Mädchen war wie verzaubert. "Gibt es das wirklich?" fragte sie sich immer wieder. "Liebe auf den ersten Blick? Ob er auch so empfindet?" und sie wünschte sich, dieser Tanz würde nie ein Ende nehmen.

Den ganzen Abend tanzten die beiden miteinander. Die Freundin von Doris lachte ihnen zu und ließ die beiden allein am Tisch sitzen, wenn sie einmal einen Tanz ausließen. Der junge Mann erzählte ihr von seinem Beruf, von seinen Wünschen, einmal aus der Fabrik wieder herauszukommen. Sie berichtete von ihrer Mutter, ihrer Arbeit als Herrenschneiderin, von den Geschwistern und dem früh verstorbenen Vater.

"Meine Mutter hat wieder geheiratet und es ist nicht immer leicht, dem Stiefvater alles recht zu machen.

Andererseits hat er eine Witwe mit drei Kindern geheiratet und damit eine große Verantwortung auf sich genommen. Nun ist noch ein kleiner Bruder da, den ich sehr liebe und auf den ich oft aufpassen muß. Darum habe ich auch nicht so viel Zeit, um auszugehen."

"Das kann ich verstehen, aber ich denke, wir werden doch hin und wieder Zeit finden, zusammen etwas zu unternehmen? Wann kommst du denn immer von deiner Arbeit?"

Er war ohne es recht zu merken zum Du übergegangen,

32

und sie nahm es ihm nicht übel und tat so, als würden sie sich schon lange kennen. Ihr war auch im Innersten so, als habe sie ihn schon immer gekannt.

Er brachte sie nach Hause, obwohl es ein ziemlich weiter Weg für ihn war. Aber man konnte doch ein so junges Mädel nicht allein nach Hause gehen lassen, außerdem war er glücklich über jede Minute des Zusammenseins.

Sie sagte ihm freundlich "Gute Nacht" und verschwand im Hause ihres Großvaters, in welchem auch ihre Eltern wohnten.

Noch lange stand er auf der anderen Straßenseite und sah hinauf zu ihrem Fenster. Erst als dort das Licht ausging, machte er sich auf den Heimweg.

Zu Hause gab es erst einmal Vorwürfe wegen des späten Nachhausekommens, aber er machte sich nichts daraus und sagte freimütig: "Daran müßt ihr euch gewöhnen, ich habe die Frau meines Lebens gefunden."

"Was weiß ein noch nicht einmal zwanzigjähriger Bengel schon von der Liebe", die Mutter war sehr aufgebracht.

Erik wußte, dass der Vater sie erst mit fast dreißig Jahren geheiratet hatte, aber das kümmerte ihn nicht mehr. Es war sein Leben, und er würde Doris auf keinen Fall aufgeben.

* * *

5. Familiengründung -
Arbeitslosigkeit Anfang der dreißiger Jahre.

Sie sahen sich oft in den nächsten Wochen und Monaten, er holte sie von ihrer Arbeitsstelle ab, sie machten kleine Spaziergänge und dann brachte er sie nach Haus. Jeden Groschen, den er über hatte, legte er beiseite, und eines Tages war es dann so weit, er fragte sie, ob sie ihn heiraten wolle.

"Danach fragst du noch", lachte sie und fiel ihm um den Hals.

Behutsam nahm er ihre Hand und schob einen goldenen Ring auf ihren Finger.

"Wir feiern unsere Verlobung am nächsten Sonntag", verkündete er zu Hause. "Ich habe ein paar Freunde dazu eingeladen."

Vater und Mutter fühlten sich ziemlich überrumpelt, aber schließlich stimmten sie zu, denn verlobt war in ihren Augen ja noch nicht verheiratet.

Am Nachmittag, als die Eltern in die Stadt gegangen waren, um einzukaufen, nahm er einen Ordner aus dem Wohnzimmerschrank und suchte seine Geburtsurkunde. Er wollte rechtzeitig alle Papiere besorgen, die für eine Heirat notwendig waren. Dabei entdeckte er ein Schreiben, das ihn aufs höchste fesselte und auch erschreckte. Er las es immer und immer wieder, ehe ihm klar war, dass es eine förmliche Abtretungsurkunde war, die Abtretung des Kindes Erik Maack an Hinrich und Alma Fricke.

Er saß wie versteinert auf dem Sofa und starrte auf das

Schreiben, in dem Mina Maack an Eidesstatt aussagte, dass sie die Mutter des Erik Maack, jetzt Erik Fricke, sei. Der Vater sei der inzwischen verstorbene Ralf H. Sie bestätigte die Adoption, die durch Vermittlung ihres auch inzwischen verstorbenen Vaters, des Reeders Erik Maack, zustande gekommen sei.

Tante Mina war also nicht seine Tante, sondern seine Mutter.

Warum hatte sie ein solches Schreiben zu einer Zeit, als er längst kein kleines Kind mehr war, noch ausgestellt? Was wollten seine Pflegeeltern damit bezwecken? Auch Tante Mina hatte in der Inflationszeit ihr Vermögen verloren, sie war Kriegerwitwe, um Geldforderungen konnte es sich also nicht handeln.

Als die Eltern zurückkamen, saß er noch immer mit dem geöffneten Aktendeckel da und hatte vor sich seine Papiere.

"Was hat das alles zu bedeuten?" fragte er sie und wies auf die Erklärung seiner leiblichen Mutter. Die Mutter wollte aufbrausen, aber der Vater befahl ihr, zu schweigen. Dann wandte er sich an den Sohn:

"Ich hatte schon lange vor, mit dir darüber zu sprechen. Jetzt, wo du eine Braut hast und vielleicht in absehbarer Zeit einmal heiraten willst, mußt du wissen, wer du bist.

Wir brauchten das Schreiben deiner Mutter für die Firma, als wir den Lehrvertrag für dich unterschrieben und die Adoptionsurkunde vorlegten. Sonst hat das alles nichts zu bedeuten."

Erik stand auf. "Das meinst du, Vater, aber für mich hat es

sehr sehr viel zu bedeuten. Ich muß erst über alles nachdenken", sagte er. "Ihr müßt mir Zeit lassen."

Er verließ an diesem Nachmittag seine Eltern und wartete voller Ungeduld auf Doris. Als sie endlich mit einem verspäteten Zug auf dem Bahnhof ankam, sah sie sofort, dass etwas nicht in Ordnung war mit ihm. Er nahm sie bei der Hand und zog sie hastig hinter sich her. Nur schnell raus aus diesem Menschengedränge.

Er schlug ohne ein Wort zu sagen den Weg zum Park ein, suchte die Bank, auf der sie an schönen Tagen oft gesessen hatten. Hier erst nahm er sie in den Arm, lehnte seinen Kopf an ihre Schulter und weinte. Doris, die ihn immer lustig und voller Scherze kannte, spürte, dass ihm etwas widerfahren war, was ihn zutiefst aufgewühlt hatte. Sie strich ihm über das Haar und ließ ihn weinen, er würde schon sagen, was ihn bedrückte.

"Doris, ich weiß nicht, wie ich es sagen soll, aber ich bin auf einmal nicht mehr ich."

"Was sagst du da? So etwas gibt es doch nicht."

"Doch, ich bin eigentlich gar nicht Erik Fricke, sondern ein ganz anderer."

"Nun einmal langsam, schön der Reihe nach. Ob Erik Fricke oder nicht, für mich bist du mein Erik, daran kann sich nichts ändern."

Er begann zu berichten, von den schönen Tagen bei der sogenannten Tante Mina, die in Wirklichkeit seine Mutter sei, von einem Vater, den er nicht kannte und der auch schon gestorben war, als er zwölf Jahre alt war.

"Nun kann ich ihn nicht mehr kennenlernen!"

"Tröste dich, ich war auch ganz klein, als mein Vater starb, ich kann mich nicht mehr oder doch nur noch ganz schwach an ihn erinnern. Du hast das Glück gehabt, dass zwei Menschen dich als ihr Kind betrachteten und alles für dich taten, auch wenn du dich manchmal unverstanden fühltest. Das Gefühl haben junge Menschen aber auch bei ihren richtigen Eltern und es gehört wohl zum Erwachsenwerden dazu. Was wäre gewesen, wenn man dich in ein Heim gebracht hätte?

Du mußt froh und dankbar sein, dass deine richtige Mutter sich doch von fern um dein Wohlergehen gekümmert hat und sozusagen über dich gewacht hat.

Wenn sie dich nicht geliebt hätte, hätte sie ja auch ganz aus deinem Leben verschwinden können."

"Du hast recht, ich danke dir dafür, dass du mich angehört hast und verstehst. Ich mag jetzt aber nicht nach Hause gehen. Was wollen wir tun?"

"Komm mit zu mir. Meine Schwester ist heute bei ihren zukünftigen Schwiegereltern die Hochzeit zu besprechen und wird erst morgen zurückkommen. Du kannst in ihrem Zimmer schlafen."

Eriks Eltern warteten an diesem Abend umsonst auf ihren Sohn. Mit schlechtem Gewissen, aber auch ziemlich verärgert, gingen sie schlafen. Erik kam erst am nächsten Tag nach der Arbeit zurück und verkündete ihnen, dass er seine Mutter aufsuchen wolle.

"Ich muß mich mit ihr aussprechen und hoffe, dass ihr das versteht. An unserem gegenseitigen Verhältnis wird sich dadurch nichts ändern. Ihr seid auch weiterhin für mich meine Eltern und ich danke euch für alles, was ihr für mich getan habt."

"Ich würde das nicht tun, Erik. Wer weiß, wie sie das auffaßt. Wir hatten ihr auch versprochen, dir ihre Identität nicht zu verraten. Besuche sie ruhig, so wie früher, aber warte ab, bis sie selbst dir ihr Geheimnis offenbart.

Sie hat es schließlich nicht mehr nötig, es vor ihrem Mann geheim zu halten, aber sie sollte ihre Entscheidung selbst treffen."

Nachdenklich ging Erik in sein Zimmer und suchte mit sich ins Reine zu kommen. Er wurde hin- und hergerissen von seinen Wünschen und Gefühlen. Er wehrte sich gegen all die Erinnerungen an Vorkommnisse, wo er unter der gestrengen Hand der Mutter zu leiden geglaubt hatte, wo er gemeint hatte, sein Vater hätte gar kein Interesse an ihm. Eins war ihm klar, die Pflegeeltern waren nicht in der Lage gewesen, wirkliche Zärtlichkeit einem Kinde gegenüber zu zeigen, obwohl sie ihn sicher auf ihre Art geliebt hatten und noch liebten. Für seine beruflichen Wünsche hatte sie jedoch nie Verständnis gezeigt. Ob das damit zusammenhing, dass er einen Lehrer zum Vater hatte? Als er ihnen Doris vorstellte, waren sie sehr reserviert geblieben, und immer noch versuchten sie, ihm eine baldige Heirat auszureden.

Gewiß, Doris und er waren beide noch jung, noch nicht ganz volljährig, wie der Vater ihm immer wieder vorhielt. Aber dieser verband damit die Überzeugung, dass sein Sohn in diesem Alter noch nicht wissen konnte, ob er ein Mädchen wirklich liebte oder nicht. Man kann doch die

Gefühle eines anderen nicht beurteilen und sie einfach in Frage stellen. Am Wochenende würden sie erst einmal Verlobung feiern und dann würde er mit seiner Braut zu seiner Mutter gehen, niemand sollte ihn daran hindern.

Es war ein strahlender Herbsttag, an dem Erik und Doris mit ihren Freunden ihre Verlobung feierten. Die Eltern hielten sich fern.

Sie hatten ihren kleinen Garten hinter dem Haus zur Verfügung gestellt, für Essen und Trinken gesorgt, aber alles andere dem Brautpaar überlassen.

Es war den jungen Leuten recht, so waren sie unter sich und brauchten auf niemanden Rücksicht zu nehmen. Es wurde gegessen, gelacht und getanzt. Man sprach der Bowle, die Doris und Erik angesetzt hatten, tüchtig zu, und als es dämmerig wurde, zündeten sie die Kerzen in den Laternen an, die ein Freund für sie aufgehängt hatte.

Ganz zum Schluß waren sie so übermütig, dass sie saure Gurken in die von der Kaffeetafel noch übriggebliebene Schlagsahne steckten und während sie diese genüßlich verzehrten, eine Polonaise durch den Garten machten.

Dann mußte aber wegen der Nachbarschaft das Fest abgebrochen werden, denn es war schon spät und die Großzügigkeit der Leute wollten sie nicht zu sehr strapazieren.

*   *   *

Eine Woche später fuhr Erik mit Doris nach Blankenese in das ihm wohlbekannte Haus des Kapitän Tohmsen. Zu seinem Erstaunen fand er seine Mutter hier nicht vor. Es wohnten andere Leute in dem Haus.

"Die Frau Kapitän ist nach Hammerbrook in eine kleinere Wohnung gezogen. Sie konnte dieses Haus allein nicht mehr halten und hat es verkauft. Wo sie genau wohnt, können wir Ihnen nicht sagen."

Erik war enttäuscht. Warum hatte sie sich nicht einmal bei seinen Eltern gemeldet? Es wurde ihm mit einem Male klar, dass etliche Jahre ins Land gegangen waren seit der Zeit, wo er glückliche Ferientage bei ihr verlebt hatte.

"Ich werde sie finden", sagte er zu Doris, aber er ahnte nicht, dass noch wieder einige Jahre ins Land gehen sollten, ehe er sie wirklich fand.

Anfang des nächsten Jahres heiratete Doris Schwester Emma, und sie hatte jetzt oben im Haus ein ganzes Zimmer für sich, denn der kleinere Bruder, der bisher bei Doris im Zimmer einquartiert war, bekam das der Schwester.

"Du solltest deinem Erik jetzt sagen, dass es Zeit wird zu heiraten", sagte der Großvater zu seiner Enkelin, mit der ihm ein ganz besonders inniges Verhältnis verband. Er hatte längst bemerkt, dass mit seiner Doris eine Veränderung vorsichgegangen war. Da er ein kluger, welterfahrener Mann war, der sich mit den Menschen auskannte, war ihm nicht entgangen, dass das Mädel etwas mit sich herumtrug, das sie nicht jedem anvertrauen konnte.

Die Mutter hatte ihre eigenen Sorgen, vor dem Stiefvater fürchtete sie sich, denn er konnte unerwartet wütend

40

werden. Er war ein Choleriker, der sich mit der großen Familie seiner Frau etwas aufgeladen hatte, was eigentlich über seine Kräfte ging. Er war kein schlechter Mensch, aber eine seiner Haupteigenschaften war die Ungeduld. Doris Mutter war immer ängstlich besorgt, alles zu seiner Zufriedenheit zu machen, damit er nicht in Zorn geriet. Die drei größeren Kinder gingen ihm aus den Weg, soweit es sich machen ließ. Nun war eine Stieftochter verheiratet und er hoffte, auch die andere bald unter die Haube zu bringen. Daher begegnete er Erik immer mit besonderer Freundlichkeit. Als Erik aber einmal einen Wutanfall des zukünftigen Schwiegervaters erlebte, beschloß er, Doris möglichst schnell aus dieser Umgebung herauszuholen.

Als nun der Großvater vergeblich versucht hatte, hinter Doris Geheimnis zu kommen, denn dass sie eins hatte, stand für ihn fest, wandte er sich an Erik.

"Sag mal, mein Junge, ist dir auch schon aufgefallen, dass Doris gar nicht gut aussieht. Sollte sie krank sein? Du müßtest sie einmal fragen, was ihr fehlt, denn mir weicht sie immer aus."

"Du hast recht, Großvater. Neulich hatte ich das Gefühl, dass sie geweint hatte. Ich glaubte, sie habe einen Zank mit dem Vater gehabt. Aber sie sagte, dass sei nicht der Grund gewesen. Ich mochte aber nicht näher in sie dringen, dachte, sie wird mir selbst sagen, was ihr fehlt. Jetzt werde ich aber doch noch einmal nachfragen."

Am Abend, auf der vertrauten Bank im Park, versuchte er vorsichtig, das Gespräch auf ihr kränkliches Aussehen zu bringen.

"Erik, wenn du nicht weißt, was los ist, dann muß ich es dir wohl sagen. Ich bin nicht krank, ich erwarte ein Kind."
Erik hielt die Luft an. "Ist das wahr, Liebste? Das ist ja wunderbar!"
Er umarmte sie heftig. Sie machte sich aber sofort wieder frei und schob ihn ein wenig von sich fort.
"Ist das wirklich so? Freust du dich wirklich und wahrhaftig? Schau mich an, sage die Wahrheit! Ich habe mich nicht getraut, dir das zu sagen, denn ich weiß von Kolleginnen, dass sie in solchem Fall plötzlich allein dastanden und der Vater des Kindes es nicht gewesen sein wollte."
"Aber Doris, so wenig kennst du mich? So wenig Vertrauen hast du zu mir?"
"Nein, nein", beteuerte sie, "ich bin ja so glücklich!"
"Jetzt werden wir sofort heiraten. Ich werde alles in die Wege leiten. Besorge du auch die notwendigen Papiere. Das Problem ist nur die Wohnung, aber das werden wir auch lösen."
"Ich denke, wir können zuerst bei uns wohnen. Mein Zimmer ist groß genug. Mein Großvater wird nichts dagegen haben und meine Eltern sicher auch nicht."
Sie machten noch viele Pläne an diesem Abend, und als Erik sein Mädchen nach Haus brachte, war er glücklich wie noch nie.
Aber kein glücklicher Zustand währt lange, das sollte er noch an diesem Abend erfahren. Als er voller schöner Pläne nach Hause kam und ahnungslos alles den Eltern sofort berichtete, stieß er auf unerwarteten Widerstand.

"Das kommt gar nicht in Frage", war die sofortige Reaktion der Mutter. "Du bist noch nicht volljährig. Eine Heiratserlaubnis bekommst du nicht von uns. Wenn deine Braut so leichtsinnig war, sich schon vorher mit dir einzulassen, dann soll sie auch sehen, wie sie das Kind wieder los wird, nicht wahr, Hinrich?"

Der Vater, der bisher nichts gesagt hatte, nickte nur und sagte: "Ja, natürlich. Wer nicht volljährig ist, sollte auch kein Kind in die Welt setzen. Doris ist ja noch jünger als du."

Erik war fassungslos. Das hatte er nicht erwartet.

"Dann habe ich recht, ihr mögt Doris nicht."

"Das hat damit nichts zu tun. Ob sie die richtige Frau für dich ist, werden wir ja sehen. Aber wir lassen dich so nicht in dein Unglück laufen. Es gibt Möglichkeiten, das Kind abzutreiben. Später könnt ihr noch genug Kinder kriegen - wenn es ein Später gibt."

Die Mutter ließ den Vater nicht zu Worte kommen. Er versuchte auch gar nicht, sie zu bremsen. Also mußte Erik davon ausgehen, dass sich die Eltern einig waren.

"Wie könnt ihr nur so etwas sagen. Es ist mein Kind. Ich werde Doris heiraten, auch ohne eure Zustimmung."

Damit drehte er sich um und ging in sein Zimmer. Er kam nicht zum Abendbrot und sagte auch niemandem "Gute Nacht".

Als die Mutter am nächsten Morgen gleich wieder anfing, auf ihn einzureden, unterbrach er sie heftig: "Sei still, ich kann und will es nicht mehr hören."

Sie war von ihm eine solche Art nicht gewohnt und

schwieg beleidigt. Was war aus dem sonst immer so gefügigen Jungen geworden? Wie konnte er es wagen, so mit ihr zu reden?

Erik ging zur Arbeit, holte Doris von der Bahn ab und ging mit ihr zum Großvater. Der war schon immer der Vertraute seiner Enkel gewesen, seitdem der Vater so früh gestorben war. Immer wußte er Rat, half er seiner Tochter mit Geld aus, obwohl er aus seiner Gärtnerei selbst nicht viel Ertrag herausholte. Alles, was in seinem Garten wuchs, verkaufte er selbst. Es begann im Frühjahr mit den herrlichen Syringen, die man hier Flieder nennt, dann verkaufte er Stachelbeeren und Johannisbeeren, später Kirschen aller Art, süße und saure. Er hatte eine stattliche Anzahl Schattenmorellenbäume gepflanzt, die jedes Jahr eine gute Ernte brachten.

Großvater selbst lebte völlig bedürfnislos. Die Mieten aus zwei Wohnungen in seinem Haus waren sein regelmäßiges Einkommen. Er hielt mit seiner Tochter zusammen einige Hühner und etliche Kaninchen, die zu den Feiertagen als Festbraten auf den Tisch kamen. Sein einziges Vergnügen war die wöchentliche Zusammenkunft der Männer von der freiwilligen Feuerwehr, deren Hauptmann er war.

Jetzt hörte er sich den Bericht der beiden jungen Leute still an, ohne sie zu unterbrechen. Dann ging er zu seinem Schrank, holte einen Kalender heraus und sagte: "Laßt uns einmal sehen, wann ihr heiraten könnt. Wann wirst du volljährig, Erik?"

"Ende Mai, aber warum fragst du danach."

"Ich denke, das könnte noch ausgehen. Wenn deine Eltern

dir das Heiraten nicht erlauben wollen, bevor du 21 Jahre alt bist, müßt ihr euch damit abfinden. Es ist dann aber immer noch Zeit genug, Ende Mai, an deinem Geburtstag das Aufgebot zu bestellen. Das Kleine kommt ja erst zwei Monate später, wie Doris sagte. Was haltet ihr von dem Vorschlag? Warum solltest du dich mit deinen Eltern streiten."

Erik sah Doris fragend an. Würde sie so lange noch warten wollen?

"Das ist eine gute Idee, Großvater, ich danke dir." Doris gab dem alten Herrn einen Kuß und alles schien auf einmal klar und ohne Schwierigkeiten zu machen sein.

Mit Großvaters Hilfe wurde dann Doris Zimmer renoviert und für das junge Paar hergerichtet. Erik kaufte ein Kinderbett und Doris nähte und strickte unermüdlich Kinderwäsche, Jäckchen und Mützchen. Zu Hause schwieg Erik sich aus und ging auf kein Gespräch ein, das sich auf Heiraten bezog. Er war auch kaum noch zu Haus, kam immer erst abends spät nur zum Schlafen heim.

An seinem 21. Geburtstag ging er aufs Standesamt und bestellte das Aufgebot.

Erst danach sagte er seinen Eltern Bescheid, dass er in vierzehn Tagen heiraten würde.

Sie nahmen die Nachricht ohne weiteren Kommentar auf. Als er sagte, er würde zu Doris ins Zimmer ziehen, fanden sie das gar nicht besonders gut, wußten aber auch im Augenblick keinen anderen Vorschlag zu machen. Sie hatten sich immer noch nicht damit abgefunden, dass gerade "diese kleine Schneiderin" ihre Schwiegertochter werden sollte. Ob sie sich etwas Besseres für ihren Sohn vorgestellt hatten?

"Das kann nicht gut gehen", sagte die Mutter, die immer abergläubisch war. "Wie kann man am dreizehnten heiraten!"

Aber darüber lachte Erik nur: "Die dreizehn wird meine Glückszahl sein, ihr werdet sehen."

Es war eine stille, aber sehr schöne Hochzeit, das fanden alle Beteiligten. Nach der standesamtlichen Trauung kam der Pastor ins Haus und nahm eine Haustrauung vor, denn Doris wollte nicht öffentlich in der Kirche getraut werde, was jedermann verstand.

Am Nachmittag nach der Kaffeetafel verabschiedete sich der junge Ehemann, denn er hatte sich für eine Sonderschicht in der Fabrik gemeldet, um etwas zusätzlich zu verdienen.

"Du hast einen braven Mann bekommen", sagte der Großvater zu Doris, und alle in der Familie waren der gleichen Meinung.

* * *

Als das Töchterchen geboren wurde, wie üblich in dieser Zeit mit Hebamme im Haus, gebärdete Erik sich wie närrisch. Er stand immer wieder vor dem Bettchen, betrachtete die kleinen Hände, streichelte behutsam mit dem Finger die Wangen des Kindes, bis es lächelte, was wiederum ein helles Entzücken bei ihm auslöste. Eines Tages brachte er ein silbernes Löffelchen mit und bestand darauf, dass nur das Kind damit gefüttert werden sollte. Niemand anderer durfte den Löffel benutzen. Mit Großvaters Hilfe erstand er dann einen Kinderwagen, arbeitete von morgens bis abends, um etwas mehr zu verdienen, damit er dem Großvater das verauslagte Geld zurückgeben konnte. Sein Kind sollte nicht in einem gebrauchten, von anderen schon benutzten Kinderwagen spazierengefahren werden.

Doris lächelte über seinen Eifer, dem Kind die Flasche zu geben, es zu windeln und mit ihm im Zimmer hin- und herzugehen, bis es sein "Bäuerchen" gemacht hatte.

Inzwischen hatten auch Eriks Eltern gemerkt, wie glücklich die kleine Familie war, wie gut Doris für ihr Kind sorgte und wie gut es gedieh. Sie begannen ihre voreilige Ablehnung zu bereuen und kamen zu dem Entschluß, den Kindern anzubieten, mit in ihre Wohnung zu ziehen, denn das Zimmer von Doris war doch ziemlich klein. Sie stellten dem jungen Paar ihr großes Schlafzimmer zur Verfügung und wollten selbst in das kleinere Zimmer ziehen. Außerdem, so meinten sie, könne doch auch die Oma auf das Kind passen und Doris könnte wieder in die Schneiderei gehen.

Nach reiflichem Überlegen nahmen die jungen Leute das Angebot an. Es fehlte noch so vieles für einen richtigen Haushalt, was Erik nicht allein anschaffen konnte.

So zogen sie wieder in die Wohnung der Eltern, und Doris nahm eine Stellung als Aushilfskraft in ihrer alten Schneiderei an.

Sie vertrat zuerst ein kranke Kollegin und später arbeitete

sie zeitweise im Stundenlohn, wenn in der Firma viel zu tun war. So konnte sie an manchen Tagen auch bei ihrem Kind bleiben.

Das Zusammenleben mit den Eltern war besser, als man nach ihrer anfänglichen Ablehnung annehmen konnte. Die jungen Leute unterstützten die älteren, wann immer sie konnten, und wenn Doris arbeitete, wußte sie ihre Tochter bei der Oma in guter Hut.

So wuchs das Kind zur Freude der Eltern und Großeltern heran. Es entbehrte nichts, selbst wenn die Mutter manchen Tag in der Schneiderei in Hamburg war und erst am späten Nachmittag heimkam.

Eines Tages kam Erik frühzeitig nach Hause. Er war auffallend blaß und taumelte die Treppen hinauf. "Was ist mit dir, Junge?" fragte seine Mutter.

"Ich bin in der Fabrik einfach umgefallen, weiß auch nicht warum. Mein Herz machte regelrechte Luftsprünge und dabei hatte ich das Gefühl, überhaupt keine Luft mehr zu bekommen. Mein Meister hat mich gleich nach Hause geschickt."

Der Arzt sprach von momentaner Überlastung, Herzschwäche und Blutarmut. Erik wurde krank geschrieben und blieb erst einmal vier Wochen im Haus. Es gab zwar Krankengeld, aber die kleine Familie merkte doch, dass diese Summe nur knapp ausreichend war für drei Personen.

Nach vier Wochen beantragte der Vertrauensarzt eine Kur im Harz für Erik. "Sie sind noch viel zu jung, um schon ein angeknackstes Herz zu haben. Das müssen wir auskurieren", sagte er.

Erik hatte zwar Sorgen um seine Stellung, aber Doris redete ihm gut zu. "Deine Gesundheit ist wichtiger. Ich habe im Moment gut zu tun und vielleicht habe ich Glück und werde fest eingestellt. Fahr du erst einmal zur Kur."

Es fiel ihm nicht leicht, Frau und Kind zu verlassen. Die Kleine, jetzt gut drei Jahre alt, weinte, als er mit einem Koffer fortging. Doris erklärte ihr, dass der Vater bald wiederkäme. Er sei krank und müsse nun gesund gemacht werden.

Nach vier Wochen bat Erik Doris für vierzehn Tage zu ihm nach Bad Harzburg zu kommen. Er hatte noch vierzehn Tage Nachkur verordnet bekommen. Soweit ging es ihm gut, er hatte keine weiteren Herzattacken gehabt.

Doris ließ ihr Kind nur ungern so lange allein bei der Großmutter, aber diese redete ihr gut zu und wollte gern auf das Kind aufpassen.

So packte sie einen kleinen Koffer und ließ sich von der Schwiegermutter und dem Töchterchen an den Zug bringen.

Soweit ging alles gut. Ahnungslos fuhr sie ab, die beiden Zurückbleibenden winkten ihr nach, wobei die Großmutter das Mädchen mit festem Griff gepackt hatte.

Doris ahnte nicht, dass die in der Kindererziehung nicht sehr erfahrene Schwiegermutter dem weinenden Kind erzählte, die Mutter würde am Abend wiederkommen, wie immer, wenn sie tagsüber zur Arbeit fuhr.

Als dann am Abend keine Mutter kam, führte das zu

Schwierigkeiten. Das Kind wollte nicht essen, nicht ins Bett gehen und stand immer am Fenster, wie sonst auch jeden Tag, um ja die Ankunft der Mutter nicht zu verpassen.

Aber endlich verlangte die Natur doch ihr Recht und die Kleine schlief erschöpft ein. Am nächsten Tag begann die Fragerei nach der Mutter erneut, und die Großmutter versuchte es wieder mit Ausreden, dabei wäre die Wahrheit für alle sehr viel einfacher und richtiger gewesen.

Als nach einigen Tagen eine Postkarte kam, auf der eine Prinzessin zu Pferd vor einem Verfolger floh, der beim Überspringen eines Abgrundes in die Tiefe stürzte - es war die Darstellung des Ritters Bodo, nach dem die Bode ihren Namen erhalten hatte - quälten Alpträume das Kind.

Leider versagten auch in diesem Falle wieder die pädagogischen Fähigkeiten der Großmutter. Sie ahnte nicht, dass der Reiter in der Phantasie des Kindes ein böser Mann und die fliehende Prinzessin die Mutter war.

Als Erik und Doris dann am späten Abend nach zwei Wochen zurückkamen, trafen sie ein Kind an, das trotz aller Fürsorge der Großmutter weinend aus dem Schlaf aufschreckte, blaß und verängstigt sich in Mutters Arme drückte. Keiner der Erwachsenen hatte zu der Zeit eine wirkliche Ahnung, warum die kleine Anja sich so verhielt.

Nach und nach klangen die Angstträume des Kindes ab. Mutter und Vater waren wieder da. Wann immer es ging, hielt sie beide fest an der Hand, verfolgte mißtrauisch deren Tätigkeiten und war glücklich, dass der große Koffer nun wieder auf dem Boden stand.

* * *

Eines Nachts im Sommer des folgenden Jahres wachte
Anja in der Nacht in einem fremden Bett auf. Als sie nach
der Mutter rief, kam die freundliche Nachbarin, die ihr oft
einen Bonbon oder ein Stück Schokolade geschenkt hatte.
"Wo ist Mutti?"
"Mutti hat heute Besuch und darum bist du bei mir. Schlaf
nur weiter. Morgen früh bringe ich dich wieder runter."
"Was hat Mutti für einen Besuch?"
Die Nachbarin wußte sich keinen anderen Rat, als die
Kleine auf den Arm zu nehmen und mit ihr ans Fenster zu
treten. Draußen war es sternklar, der Mond schien gerade
ins Fenster.
"Sieh nur, heute Nacht ist der Klapperstorch zu deiner
Mutti gekommen. Dort fliegt er gerade wieder weg. Er hat
dir ein Brüderchen gebracht."
Nun wollte Anja natürlich sofort nach unten, aber mit
einigem Zureden verstand sie dann, dass jetzt alle schlafen
und man sie nicht aufwecken dürfte.
Am nächsten Morgen stand sie staunend vor einem
Korbwagen mit einem Tüllhimmel und besah sich das
winzige Wesen, das ein Brüderchen sein sollte. Die Mutter
lag im Bett, denn natürlich hatte sie ein schlimmes Bein,
aber zeigen wollte sie nicht, wo der Storch sie gebissen
hatte.
Jetzt wurde die Wohnung bei den Großeltern für alle zu

klein. Wenn das Baby in der Nacht schrie, wurden auch die alten Leute gestört, und das war auf die Dauer für alle nicht gut. Deshalb griffen Erik und Doris gleich zu, als ihr Großvater ihnen sagte, dass Schwester Emma mit ihrer inzwischen auch schon auf vier Personen angewachsenen Familie in eine größere Wohnung ziehen wollte.

Die neue Wohnung in Großvaters Haus bestand aus einer Wohnküche und einem Schlafzimmer. Im anschließenden Zimmer wohnte der Großvater. Das Schlafzimmer lag zwischen Großvaters Wohnzimmer und der Küche und erhielt kaum Tageslicht. Es hatte zwar ein Fenster, aber dieses konnte nur halb geöffnet werden, weil das Nachbarhaus direkt daneben erbaut war. Zwischen den beiden Häusern war nur ein Spalt von ungefähr dreiviertel Meter. In diesen Spalt schob der Großvater im Winter seine Leitern.

Doris war glücklich, dass sie endlich eine eigene Wohnung hatten. Gern nahm sie dabei die Verpflichtung auf sich, für Großvaters Verpflegung zu sorgen und ihm das Zimmer sauber zu halten.

Mit ihren geringen Ersparnissen kauften sie ein Sofa, stellten es an die hintere Wand der Küche, den Tisch und zwei Stühle davor und einen Besenschrank in die Ecke. Ein Kohleherd bot Gelegenheit zum Kochen und heizte im Winter das Zimmer. Der Großvater hatte aus seiner Ehe noch ein Küchenbüffet auf dem Boden stehen, das nun wieder zu Ehren kam.

Die jungen Leute waren glücklich in ihrem neuen Heim, das Doris mit einigen gestickten Decken und selbstgenähten Vorhängen verschönte.

*　*　*

Man schrieb das Jahr 1930. Die Rezession nahm ungeheure Ausmaße an. Immer mehr Menschen verloren in diesem Jahr ihre Arbeit. In der Innenstadt gab es politische Demonstrationen und Krawalle. Eines Tages kam auch Erik mit dem Kündigungsschreiben nach Hause. Er teilte das Los der Arbeitslosigkeit mit sieben Millionen anderen Menschen. Es gab nur wenig Unterstützung, wer seine Miete nicht zahlen konnte, wurde obdachlos. Ganze Familien begingen gemeinsam Selbstmord. Manche Leute fuhren für ihre letzten Groschen mit der Straßenbahn bis an den Stadtrand, gingen in den Wald und hängten sich dort auf. Die Verzweiflung, aus dieser Not nicht wieder herauszukommen, war zu groß.
Es gab eine Notverordnung nach der anderen, auf den Straßen versammelten sich die Hoffnungslosen und horchten auf die Parolen der verschiedenen Parteiredner. Wer konnte ihnen wirklich helfen? Wem konnte man wirklich vertrauen?

*　*　*

6. Ambulanter Handel - ein Geschäft

Erik und Doris suchten nach einem Ausweg aus dieser Misere. Die kleine Unterstützung reichte nicht aus, die Familie zu ernähren. Wieder war es der Großvater, der ihnen aus dieser Not half.
Er erließ ihnen die Miete, dafür halfen ihm die beiden im Garten. Großvater war nun schon über achtzig Jahre alt und es fiel ihm nicht immer leicht, den Garten in Ordnung zu halten. Die Hilfe der jungen Leute war ihm daher viel wert. Dann gab er Erik eines Tages einen Hinweis auf ein dreirädriges Fahrzeug mit einer Ladefläche davor, das ein Nachbar verkaufen wollte.
"Ich gebe euch das Geld", sagte er. "Was soll ein alter Mann wie ich noch mit einem Sparkonto. Kaufe das Gefährt, hole dir einen ambulanten Gewerbeschein und sieh zu, was du daraus machen kannst."
So kam Erik zu einem eigenen Gewerbe. Er verkaufte in diesem Herbst und Winter Apfelsinen und andere Süd-früchte im Landgebiet. Es war nicht immer sehr ergiebig, denn auch auf dem Lande begann sich die Rezession schmerzhaft auszuwirken, mancher Bauer verlor nach einer Mißernte sein Land an einen skrupellosen Geldgeber, der überhöhte Zinsen forderte. So nach und nach wurde der fahrende Obsthändler aber bekannt, und da er gute Ware verkaufte und niemanden betrog, brachte ihm der kleine Handel doch soviel ein, dass er seiner Frau einen kleinen Zuschuß für den Haushalt zahlen konnte.

*   *   *

Ostern 1932 kam Anja in die Schule. Großmutter Fricke hatte eine Schultüte spendiert, die Eltern schenkten einen Ranzen. Es war eine große Ausgabe für sie, aber ihr Kind sollte mit ordentlichem Schulzeug ausgerüstet werden, dafür verzichteten die Eltern gern auf alles andere.

Erik hatte in diesem Frühjahr auch die Lizenz für die Herstellung von Speiseeis von einem Italiener gekauft und baute seinen Wagen jetzt für den Sommer als Eiswagen um. Es wurde eine Eismaschine angeschafft, Kübel und Deckel für den Wagen und Rohstoffe, besonders Obstkonserven für die Eisherstellung. Dann kam der große Tag, an dem die Familie das erste selbstgemachte Eis probieren mußte.

Es war köstlich, und Erik fuhr frohgemut seine alte Tour über Land, läutete mit einer Glocke und lockte die Dorfbewohner aus ihren Häusern.

Am ersten Tag verkaufte er besonders große Portionen, und weil sein Eis wirklich aus reinen Früchten, Sahne und Vollmilch hergestellt war, hatte er für diesen Sommer bald einen festen Kundenkreis.

Sonntags stand er neben einem Ausflugslokal an der Straße, die in die Heide führte. Die Leute aus der Stadt kamen scharenweise hier vorbei, um sich im Freien zu vergnügen. Doris Bruder Karl, der ebenfalls arbeitslos war, löste ihn stundenweise ab und verdiente sich auf diese Weise auch ein paar Groschen zusätzlich.

*   *   *

Anja ging gern in die Schule und die Eltern freuten sich über ihre Fortschritte. Es war aber nicht einfach für sie, die geforderten Lernmittel, eine Fibel, ein Rechenbuch und - nachdem die Schiefertafel ausgedient hatte - auch Hefte anzuschaffen.

Immer wieder saßen Doris und Erik abends zusammen und zählten das eingenommene Geld, die Mutter führte genau Buch für das Finanzamt. Dann wurde beraten, wieviel man für die Eisherstellung kaufen mußte, was Vater an Benzingeld brauchte usw.

Anja, die verstand, dass trotz des Handels nicht viel Geld zur Verfügung stand, war todunglücklich, als sie einen neuen Bleistift verlor. Als die Lehrerin dann die Kinder, deren Väter arbeitslos waren, aufforderte, sich an die Tafel zu stellen, weil sie einige Gutscheine für einen Kakaotrunk verlosen konnte, die ein begüterter Vater gespendet hatte, stellte Anja sich auch mit an die Wandtafel und bekam einen Gutschein ab. Sie erzählte es voller Freude den Eltern. Diese aber teilten ihre Freude absolut nicht.

"Dein Vater hat zwar keine Arbeit mehr in der Fabrik, aber er ist jetzt selbständig. Wenn er auch nicht sehr viel verdient, weil die Menschen alle zu wenig Geld haben, um viel zu kaufen, so geht es uns doch besser als manchen anderen. Wir haben Obst und Gemüse aus dem Garten und wohnen hier billig beim Urgroßvater. Du bezahlst morgen den Kakao, damit ein anderes Kind noch eine Karte bekommen kann."

Ihr Stolz ließ es einfach nicht zu, Almosen, wie sie es nannten, anzunehmen.

Ende des Jahres nahmen sie Verhandlungen auf mit der Vermieterin eines Geschäftsraumes und mit einer Groß-bäckerei, richteten mit Hilfe von Doris Bruder einen Ladenraum ein und eröffneten eine Filiale einer Hamburger Bäckerei, die jeden Morgen ihre Backwaren lieferte. Jetzt stand Doris Tag für Tag von 7 Uhr morgens bis 7 Uhr abends hinter dem Ladentisch.

Anja ging in die Schule, Großmutter Fricke kam nur gar zu gern, um den kleinen Heiner auszufahren und zu versorgen. Wenn die Schule aus war, kam Anja in den Laden, saß versteckt hinter dem Tresen und rührte sich nicht, wenn Kunden im Geschäft waren, denn auf keinen Fall durften diese merken, dass ein Kind in Laden saß. Kinder hatten zu dieser Zeit in einem Lebensmittelladen nichts zu suchen. Aber was sollte Doris sonst tun, sie konnte doch das Kind nicht irgendwo allein lassen.

Der Vater fuhr nach wie vor über Land mit seinem Wagen. Sonntags räumte er ihn aus und setzte die Kinder vorne in den Wagenkasten und seine Frau hinten auf den Soziussitz und fuhr mit allen in die Heide, wo die Kinder nach Herzenslust toben konnten. Die Familie liebte diese Ausflüge sehr. Einmal jedoch ging es beinahe schief. Der Vater mußte vor einem entgegenkommenden Auto, das in der Mitte der Fahrbahn fuhr, ganz nach rechts ausweichen, um einen Frontalzusammenstoß zu vermeiden. Er geriet dabei mit dem rechten Vorderrad an den ziemlich hohen Kantstein und das wackelige, dreirädrige Gefährt kippte um. Die beiden Kinder purzelten auf den Bürgersteig, und die Erwachsenen retteten sich mit einem Sprung von ihren

Sitzen. Es gab glücklicherweise keine ernsthaften Verletzungen, nur ein paar blaue Flecken und einige Hautabschürfungen. Doris hatte sich allerdings ihren neuen Rock, den sie sich gerade genäht hatte, zerrissen.

Erik stellte ab sofort die "gefährlichen " Sonntagsausflüge ein, sehr zum Bedauern der Kinder.

Nach wie vor machte er aber seine Verkaufsfahrten ins Landgebiet. Er ließ es sich nicht anmerken, dass diese Art Arbeit ihm nicht behagte. Es gab ja keine andere Möglichkeit. Immer mehr Männer verloren ihre Arbeit in diesem Jahr und setzten ihre Hoffnung auf die neue Partei, die sich NSDAP nannte.

* * *

Als Eisverkäufer während der Arbeitslosenzeit
Anfang der dreissiger Jahre

7. Neue Arbeit im Dritten Reich

Unten im Haus des Großvaters wohnte eine Familie mit zwei größeren Kindern, einem Jungen und einem Mädchen. Beide besuchten die letzte Klasse der Schule, in die auch Anja ging. Manchmal gingen sie zusammen nach Hause, sonst aber spielten sie nicht miteinander. Anja hatte einmal aufgeschnappt, dass der Vater der beiden ein Kommunist sei. Was das war, verstand sie nicht, aber sie fürchtete diesen Mann ein wenig, denn er machte immer so ein brummiges Gesicht und knurrte nur etwas Unverständliches durch die Zähne, wenn sie ihn grüßte.

Gerade durch die Tochter dieses angeblichen Kommunisten sollte Anja zum ersten Mal etwas von dem Mann hören, der Hitler hieß. Sie gingen zusammen von der Schule nach Hause und unterwegs fragte Herma sie, ob sie schon das neue Lied kenne, das die Kinder in der Schule überall singen. Natürlich kannte Anja es nicht.

"Hör zu, es heißt so:

Wir saßen so fröhlich zusammen in mancher stürmischen Nacht.

Mit seinen Hitler-Liedern hat er uns so fröhlich gemacht.

Da kam eine feindliche Kugel von roter Mordbubenhand,

Horst Wessel, du ließest dein Leben für Hitler und Vaterland."

"Wer ist Horst Wessel?

"Ein SA-Führer."

"Und was sind SA-Führer?"

"Das sind die, die mein Vater nicht leiden kann. Wenn sie

sich in der Stadt versammeln, gehen mein Vater und seine Freunde hin und ärgern sie."

Dass das "Ärgern" leicht untertrieben war, erfuhr Anja erst viel später. Das Lied fand sie nicht besonders gut, im Gegenteil, es flößte ihr Angst ein, denn es war doch von einem Mord die Rede. Als sie ihrer Mutter davon erzählte, sagte diese: "Von einem Mord sollte man nicht singen, denn das ist etwas Böses, wir kennen schönere Lieder." Und dann sangen sie Wanderlieder und andere Volkslieder miteinander. Doris hatte eine schöne Sopranstimme und sang gern mit dem Töchterchen.

Der Vater und der Onkel gingen jetzt neuerdings abends oft aus dem Haus. Wenn sie zurückkamen, hörte Anja, die schon im Bett lag, manchmal einiges von dem, was sie erzählten.

Sie berichteten von einer Wahl, die bald sein sollte und von dem neuen Mann, der ihnen Hoffnung auf Arbeit machte. Der Onkel meinte, sie sollten doch mitmachen, aber die Mutter sagte, dass sie nichts davon hielte, denn es gäbe genug Arbeit für sie im Garten, im Laden und mit dem Handel.

Trotzdem kamen die beiden Männer eines Tages mit schönen, blank geputzten Langschäftern nach Hause und mit einer dunkelblauen Uniformjacke.

"Wir sind nun bei der Marine", lachte Erik, und der Onkel zog sich die Stiefel und die Jacke an, stand vor dem Spiegel und betrachtete den neuen Mariner.

Was er sah, schien ihm zu gefallen.

"Woher habt ihr die Sachen?" fragte Doris.

"Von der neuen Partei. Wir nennen uns Marine- SA", sagte der Bruder ganz stolz.

"Nun werdet man nicht gleich eitel", lachte Doris und schob den Bruder aus der Tür, "ab ins Bett. Ich hoffe, dass es nicht immer so spät wird, denn es gibt ja im Haus auch noch was zu tun."

*   *   *

Nachdem Hitler, der Mann aus Österreich, deutscher Reichskanzler geworden war, bekam Erik im Herbst 1933 Arbeit in einer Flugzeugfabrik. Hier wurden die Flügel von Flugzeugen und andere Teile gefertigt. Er nahm diese Stellung an, weil ein guter Stundenlohn geboten wurde, obgleich er auf keinen Fall immer in einer Fabrik arbeiten wollte. Aber es war erst einmal ein Anfang.

Seinen Eisstand am Sonntag behielt er in diesem Sommer noch, aber den Südfruchthandel gab er auf. Er baute in seiner Freizeit einen Tresen für Eisbehälter und stellte ihn in Doris' Geschäft auf, nun konnte sie das Eis in ihrem Laden verkaufen. Am Tag kam eine Roheis-Firma und lieferte das Eis in langen Stangen aus gefrorenem Wasser, die der Fahrer des Eiswagens auf der Schulter in den Keller trug. Er hatte einen dicken ledernen Schulterschutz und eben solche Handschuhe an. Die Kinder der Straße standen um den Wagen und warteten darauf, dass er mit seinem Eispickel die zusammengefrorenen Eisklötze auseinanderschlug. Dann sprangen immer kleine Eis-stückchen ab, die man wunderbar auflutschen konnte.

Das Geschäft hatte inzwischen einen festen Kundenstamm. Doris war immer freundlich und hilfsbereit. Ihre Waren waren gut, und bald erweiterte sie das Angebot von Brot und Kuchen auch auf andere Lebensmittel wie Zucker, Mehl, Butter und Marmelade.

Die Butter wurde im Sommer im Keller auf den Eisblöcken frisch gehalten, und im Laufe eines Tages mußte Doris viele Male durch die im Boden befindliche Luke in den Keller klettern, wenn eine Kundin nur ¼ Pfund Butter kaufen wollte.

Abends ging sie dann todmüde nach Hause. Dort warteten der Haushalt und die Kinder auf sie. Dankbar nahm sie das Hilfsangebot der Schwiegermutter an, tagsüber auf den kleinen Heiner aufzupassen und mit ihm spazierenzugehen. So kam wenigstens dieses Kind zu seinem Recht. Anja, die jetzt in die dritte Klasse ging, kam von der Schule immer ins Geschäft, bekam dort ein Butterbrot und einen Becher Milch, ging dann nach Hause und machte selbständig ihre Schularbeiten.

Dieser Zustand gefiel den Eltern nicht. Sie waren sich bald einig, dass sie für ihre Kinder eine Änderung herbeiführen mußten. Aber wie sollten sie das tun? Wie das bewerkstelligen?

Eines Abends kam Doris ganz aufgeregt nach Hause. Sie hatte den Laden gerade fertig geputzt, als ein Hauseinwohner sie ansprach. "Frau Fricke, wir ziehen zum Monatsende aus. Ich weiß, dass dann die Wohnung, die eigentlich zu ihrem Laden gehört, frei wird, denn die Hauswirtin, die jetzt darin wohnt, will nach oben in unsere

Wohnung ziehen. Das wäre doch für Sie die Gelegenheit, sich um diese Wohnung zu bemühen."

Erik war skeptisch. Die Hauswirtin war eine unverheiratete, sehr schwierige Frau. Sie hatte einen Untermieter, einen höheren Bahnbeamten, von dem man hinter vorgehaltener Hand sagte, dass er ihr Liebhaber sei.

Zwei Häuser gehörten ihr, das Eckhaus, in dem der Laden sich befand, und ein Haus daneben, das sie das "Arbeiterhaus" nannte. Sie bildete sich viel darauf ein, dass das Haus, in dem sie selbst wohnte, nur von Beamten bewohnt wurde. Aus diesem Grund glaubte Erik nicht daran, dass sie ihnen die Wohnung geben würde. Aber Doris wollte es wenigstens versuchen. Gleich am nächsten Tag bat sie die Hauswirtin um ein Gespräch.

Sie war immer gut mit ihr zurechtgekommen, hatte auch manches Mal recht gut gewogen, wenn die gestrenge Dame bei ihr eingekauft hatte.

Zuerst war diese sehr zugeknöpft und tat erstaunt, dass Doris von den bevorstehenden Veränderungen im Haus wußte.

"Ich glaube nicht, dass die anderen Mieter gern Kinder im Hause haben wollen. Das bringt Unruhe und daraus entsteht Ärger", war ihre Entgegnung auf Doris Frage.

"Ich muß es mir sehr genau überlegen." Sie sah die Bittstellerin von oben herab an. Was bildete diese junge Frau sich ein? Wußte sie nicht, dass in diesem Haus nur höhere Beamte wohnten? Es war ja schließlich schon ein Entgegenkommen gewesen, dass sie den im geschäftlichen Bereich unerfahrenen jungen Menschen den Laden

64

vermietet hatte. Das hätte ja schief gehen können, und sie hätte dann den Schaden gehabt.

Doris ließ sich durch das arrogante Gesicht der eingebildeten Dame aber nicht entmutigen. Jeder andere hätte wahrscheinlich resigniert, aber nicht sie. Höflich bat sie um die Erlaubnis, wieder nachfragen zu dürfen, was die Hausherrin natürlich nicht abschlagen konnte.

Weil Doris alle anderen Hausbewohner besser kannte, als die Besitzerin wußte, sprach sie mit diesen und fand überall Zuspruch.

"Lächerlich", sagte eine ältere Lehrerin, die mit ihrer gelähmten Schwester die andere Parterre-Wohnung inne hatte. "Wer sollte hier etwas gegen Kinder haben. Ich werde mit Fräulein H. sprechen." Genauso reagierten die anderen Mieter, denen das hochmütige Fräulein sowieso ein Ärgernis war.

Als Doris einige Tage später wieder nachfragte, lächelte die Hausherrin süßsauer: "Sie haben viele Fürsprecher hier im Haus. Kommen Sie mit Ihrem Mann heute abend, dann machen wir den Mietvertrag."

So bekamen die jungen Leute im Herbst 1934 ihre erste richtige Wohnung. Sie lag hinter dem Geschäft, hatte einen direkten Zugang zu diesem und bestand aus drei Zimmern und einer großen gekachelten Küche. Ein riesiger, gemauerter Herd nahm fast die ganze rechte Innenwand ein. Er war mit einer Messingstange eingefaßt, besaß einen eingebauten Warmwasserbehälter mit einem blanken Messinghahn und einer eben solchen Abdeckung. Der Herd wurde mit Holz beheizt und war im Winter gleichzeitig die Wärmequelle für die wegen der Boden-fliesen sehr fußkalten Küche.

Ein großes dreiteiliges Fenster zeigte auf den Hof, ein Fliederbusch verdeckte die graue Wand des gegenüber-liegenden "Arbeiterhauses". Das Wohnzimmer, direkt neben dem Laden gelegen, war kleiner als die Küche, aber groß genug für die wenigen Möbel, das Sofa, einen Sessel, einen Tisch und vier Stühle.

Die Eltern von Erik fanden zwar den Ausblick auf die Straße nicht so gut, aber das war nur eine unbegründete Beanstandung, denn vor dem Fenster befand sich ein schöner gepflegter Vorgarten und am Straßenrand wuchsen große Linden. Verkehr war wenig, nur Kinder spielten auf der Straße.

Zwei Zimmer lagen zur anderen Straßenseite, sie gingen ineinander über. Das größere wurde für die Eltern als Wohn-Schlafzimmer eingerichtet, das dahinter liegende war das Kinderzimmer. Nach dem Einzug war natürlich die Wohnung noch ziemlich leer, denn die wenigen Möbel reichten bei weitem nicht aus, alle Zimmer wohnlich einzurichten. Doris Großvater spendierte einen Gasherd für die Küche, denn im Sommer den großen Küchenherd anzuheizen, war nicht gut. Er entwickelte schnell sehr große Hitze und war dann ebenso schnell wieder kalt, wenn nicht mehr nachgeheizt wurde.

Doris und Erik waren glücklich über diesen Fortschritt, nur die Kinder bedauerten, dass sie nicht mehr Uropas Garten und Hof zum Spielen hatten. Anja hatte vor allem den großen Birnbaum, der auf dem Hof stand so gern. Da sein

Stamm infolge Altersschwäche schon ziemlich schräg stand, konnte man so wunderbar hinaufklettern, oft hatte sie mit dem jüngsten Bruder ihrer Mutter, der nur wenig älter war als sie, dort im Laub der Krone gesessen und sich gefreut, wenn einer der Hausbewohner über den Hof ging, ohne sie zu bemerken. Nun konnten sie höchstens auf der Straße spielen und mußten sich neue Spielkameraden suchen.

Jetzt begannen Doris und Erik wieder Mark für Mark zusammenzuhalten. Er machte Überstunden in der Fabrik, um zusätzlich Geld für Möbel zu verdienen, und Doris nähte an den Abenden, wenn Erik arbeitete, und an den Wochenenden für Bekannte und wohlhabende Hausbewohner und verdiente auf diese Weise auch manche Mark dazu.

So gelang es ihnen im Laufe der nächsten Monate das eine und andere Möbelstück anzuschaffen. Aber Erik konnte diese Belastung gesundheitlich auf die Dauer nicht verkraften.

Wieder begannen die Schwächeanfälle und ganz besonders im Frühjahr des folgenden Jahres war er der Arbeit in der Fabrik nicht mehr gewachsen. Der Betriebsarzt schrieb ihn krank und zum zweiten Mal mußte er sich einer Kur unterziehen. Er wurde in ein Herzbad geschickt.

Seine Teilnahme an den Zusammenkünften der Marine-SA hatte er schon lange abgesagt und war dann kurzerhand wegen Krankheit ausgetreten.

Sechs Wochen mußte Doris nun das Geschäft mit allen anfallenden Problemen allein führen, die Kinder versorgen, den Haushalt bewältigen. Sie schaffte es mit Hilfe ihrer jetzt fast neunjährigen Tochter. Anja trug morgens vor der Schule zwischen 7 und 7.45 Uhr Brötchen in der Nachbarschaft aus, kaufte das Notwendigste ein, schälte Kartoffeln und wusch das Geschirr ab. Am Wochenende wusch sie die bunte Wäsche, bügelte und brachte das Kinderzimmer in Ordnung. Sie half auch beim Putzen des Hausflurs, und schon bald übernahm sie diese Arbeit allein. Zweimal in jeder zweiten Woche waren sie an der Reihe. Ihre Arbeit fand sogar vor den kritischen Augen der Hauswirtin Anerkennung, die es nicht lassen konnte, die Sauberkeit ihrer Mieter hin und wieder durch Kontrolle der Hausflurreinigung zu überprüfen.

Als Erik zurückkam, fand er eine müde, aber glückliche Frau vor, die stolz auf das zusammen mit der Tochter Geleistete und zufrieden mit ihrem Leben war. Die Hauptsache war für sie, dass Erik gesund zurückgekommen war. In die Fabrik wollte er aber nicht wieder gehen.

* * *

8. Bei der Reichspost

Durch Zufall erfuhr er, dass die Reichspost Leute für die Briefzustellung suchte. Er bewarb sich und wurde eingestellt. So war er viel im Freien und die Bewegung tat ihm gut und trug wesentlich zur Stabilisierung seiner Gesundheit bei.

Eines Tages kam er frohgestimmt nach Hause. "Stell dir vor, Doris, mein Chef hat mir heute ein tolles Angebot gemacht. Ich soll auf Kosten der Post den Führerschein für Lastwagen machen und dann die großen Paketwagen im Landgebiet fahren!"

"Großartig, das wird dir sicher viel Spaß machen."

"Ich werde aber viel lernen müssen über die Motoren und so, denn wir müssen unsere Wagen selbst warten. Dann kann ich dir in nächster Zeit im Geschäft nicht mehr so viel helfen."

"Das schaffen wir schon. Die Kinder werden immer größer und helfen schon tüchtig mit. Stell dir vor, heute ist der Heiner ganz allein zum Milchmann gegangen und hat die Milch geholt. Er wird schließlich schon bald fünf Jahre."

Als Erik die Paketzustellung im Landkreis übernahm, feierten sie diesen Tag ein wenig mit dem Schwager, der in der nächsten Woche heiraten wollte. Leider endete dieser Abend ein wenig plötzlich, weil Doris sich nicht wohlfühlte. Ihr war entsetzlich übel und schwindlig. Am nächsten Tag war aber alles wieder gut. Als Erik von der Arbeit zurückkam und sich besorgt nach ihrem Ergehen erkundigte, lachte sie.

"Was meinst du, würden wir noch eins groß kriegen?"
"Was für eins?" fragte er ziemlich verständnislos.
"Nun du Dummkopf, ein drittes Kind natürlich!"
Erik war zuerst ganz still, dann nahm er seine Frau in den
Arm, ganz behutsam und liebevoll. "Wirst du das neben
deiner vielen Arbeit schaffen?"
"Ganz sicher. Es wird auch eine Hilfe geben. Gestern
fragte mich eine Kundin, ob ihre Tochter nicht bei mir ihr
Pflichtjahr machen könne. Du weißt ja, die Mädchen
sollen nach der Schule alle ein Jahr in einem Haushalt
arbeiten, wo auch Kinder sind. Sie sollen alles lernen, was
ein Mädchen für später braucht, kochen, waschen, bügeln,
Kinderpflege usw."
"Das habe ich schon gehört, aber mich nicht dafür
interessiert. Wenn die jungen Männer zum Militär müssen,
warum sollen nicht auch die Mädchen etwas Vernünftiges
tun und lernen. Ich denke, das ist eine gute Idee."
So kam im Spätherbst 1934 Lore ins Haus, ein liebes,
freundliches Mädchen, 15 Jahre alt, willig und anstellig.
Von morgens 8 Uhr bis nachmittags um 16 Uhr half sie
nach besten Kräften. Doris war sehr zufrieden mit ihrer
Arbeit, aber eins gefiel ihr nicht. Lore hatte eine Vorliebe
für die jungen Soldaten, die nach der Einführung der
allgemeinen Wehrpflicht im März 1935 fast täglich
singend am Haus vorbeimarschierten zu ihren Schieß-
ständen am Wald.
Sie stand dann am Fenster und vergaß die Arbeit, die sie
gerade machen sollte. Dann konnte es passieren, dass die
Milch überkochte oder irgend eine Speise, die gerade auf

dem Gasherd stand, anbrannte.

Als Doris einmal mit ihrem Mann darüber sprach, lachte er und sagte: "Du kennst doch das Lied 'Wenn die Soldaten durch die Stadt marschieren, öffnen die Mädchen die Fenster und die Türen', schneidige Soldaten locken nun einmal die jungen Mädchen ans Fenster."

"Ja, das schon, aber eigentlich ist sie doch noch viel zu jung, um schon jeden Abend an der Straßenecke zu poussieren."

"Laß nur, Doris, das ist Sache der Eltern, auf ihre Tochter aufzupassen. Vom Nachschauen kann nichts passieren. Ich werde ihr aber sagen, dass der Geruch von übergekochter Milch nicht gerade angenehm ist und dass sie in Zukunft besser aufpassen soll."

* * *

Anfang des neuen Jahres, 1935 wurde der kleine Erik geboren. Er war ein kleines, zartes Baby, das sich aber dank der guten Pflege schon in den ersten Lebensmonaten gut erholte und kräftigte. Seine Geschwister liebten den kleinen Kerl sehr, und besonders die große Schwester war stolz, wenn sie ihn im Kinderwagen ausfahren durfte. Der Kleine hatte die blauen Augen seiner Mutter geerbt und es geschah nicht selten, dass sich vorübergehende Frauen über den Wagen beugten und die großen schönen Augen mit den langen schwarzen Wimpern bewunderten.

Vater Erik war inzwischen aufgrund seines freundlichen

und hilfsbereiten Wesens zum Sprecher der Paketzusteller gewählt worden. Alle Kollegen schätzten ihn sehr und etliche bemühten sich auch sehr intensiv um seine Freundschaft, doch pflegte er keinerlei engere Beziehungen zu ihnen außer den kameradschaftlichen Umgang im Amt. Seine Familie war ihm genug, er hatte kein Bedürfnis außer den beruflichen auch noch private Kontakte zu pflegen. Es war eines der auffallendsten Merkmale seines Charakters, dass er sich privat abseits hielt.

Eines Tages ließ ihn der Amtmann in sein Büro bitten.

"Sie sind jetzt schon einige Zeit bei uns und haben ihr Amt als Sprecher der Paketzusteller zu deren vollsten Zufriedenheit wahrgenommen. Ihre Kollegen haben mich gebeten, Ihnen vorzuschlagen, sich für die Personalvertretung zur Verfügung zu stellen. Ich finde den Vorschlag gut, möchte Sie aber bitten, damit alles einfacher wird, sich einmal zu überlegen, ob Sie nicht auch der Partei beitreten wollen. Ich habe außerdem den Antrag gestellt, Sie in den Beamtenstand zu übernehmen."

Erik war zuerst sehr verlegen. Er liebte es nicht, so im Mittelpunkt zu stehen und gelobt zu werden. Dass er für die Belange seiner Kollegen eintrat, war für ihn selbstverständlich. Er bat um einen Tag Bedenkzeit.

Doris fand, er habe das Lob verdient und wenn die Kollegen ihn als ihren Vertreter haben wollten, dürfe er das nicht abschlagen. "Dies ist doch endlich etwas, was dir liegt. Wenn du schon nicht Lehrer werden konntest, dann kannst du doch auf diese Weise für und mit deinen

Kollegen etwas tun."

"Du hast recht, es würde mir sicher Freude machen, denn ich habe dann auch viel mit unserem jungen Nachwuchs zu tun. Nur eins ist mir nicht ganz so angenehm, ich werde anfangs Kurse machen müssen, und das bedeutet, ich werde mehrfach über Wochenende fort sein."

"Das werden wir auch überstehen, es wird ja nur am Anfang sein."

So wurde Erik Fricke Mitglied des Betriebsrates. Später wurde er viele Jahre bis zu seiner Pensionierung der 1. Vorsitzende. Er trat auf Wunsch des Amtmanns in die NSDAP ein und wurde kurze Zeit später Beamter. Damit war seine berufliche Zukunft gesichert.

Für den Eintritt in die Partei brauchte er allerdings den gesetzlich verlangten Nachweis seiner "arischen Abstammung". Aus diesem Grund mußte er sich mit seiner Mutter in Verbindung setzen, von der er in den letzten Jahren nur sporadisch Grüße erhalten hatte. Er selbst hatte noch keinen Versuch unternommen, sie wiederzusehen. Jetzt war es an der Zeit, sie in ihrer Stadtwohnung in Hamburg aufzusuchen.

Das Wiedersehen nach den langen Jahren war anfangs kühl und zurückhaltend. Aber als er sich gerade verabschieden wollte, läutete es an der Tür und eine Frau stand vor ihm, von seiner Mutter liebevoll begrüßt. Es stellte sich heraus, dass diese Frau die älteste Tochter Grete seines Vaters, also seine Halbschwester war.

"Ich bin so froh, dich endlich kennenzulernen", sagte sie zu dem fassungslosen Erik. "Tante Minchen hat mir so viel von dir erzählt." Ehe er sich versah, umarmte sie ihn. "Jetzt wollen wir uns nicht wieder verlieren. Du mußt auch Hilde und Franz kennenlernen."

Etwas verwirrt fuhr Erik nach Haus. Er berichtete Doris von seinen ihm bisher unbekannten Halbgeschwistern.

"Wir wollen sie bald zu uns einladen", sagte sie, "ich freue mich mit dir, dass du sie getroffen hast und sie so lieb zu dir sind."

Die Besuche von Tante Grete wurden im Laufe der Zeit zur Regel, die ältere Schwester Hilde fuhr zurück in ihren Heimatort und sie sahen sie in diesen Jahren selten. Verheiratet war keine von ihnen. Nur der Bruder Franz hatte bereits eine Familie, aber der Kontakt mit ihm war nur lose.

* * *

Eines Abends, als Erik einen Aufsatz seiner Tochter unterschrieben hatte und ihn noch einmal in Ruhe durchlas, sagte er zu Doris: "Was meinst du, Anja ist recht gut in der Schule. Ich denke, wir sollten sie zur Prüfung für die Mittelschule anmelden. Ich werde mich ein bißchen um ihre Aufgaben kümmern und sie auf die Prüfung vorbereiten. Ich denke, das Schulgeld werden wir aufbringen können."

"Das finde ich gut, ich glaube, es wird ihr Spaß machen, ein bißchen mit dir zu lernen."

So begann für Anja ein intensives Vorbereiten auf die notwendige Aufnahmeprüfung für die weiterführende

Schule neben den üblichen häuslichen Pflichten. Der Vater übte mit ihr das Einmaleins, das man seiner Meinung nach im Schlafe können mußte. Besonders lustig fand sie es, dass er sie nun morgens oft weckte und ihr gleich eine Aufgabe stellte. Sie lernten gemeinsam die heimatkundlichen Themen, Bahnverbindungen, Hauptflüsse und Nebenflüsse, Gebirge und die Lage der bedeutendsten Städte in Deutschland.

Erik schrieb mit seiner Tochter Diktate und ließ sie Aufsätze schreiben. Er war jetzt im Nebenberuf das, was er immer hatte werden wollen: Lehrer.

Die Erfolge seiner Tochter machten ihn stolz. Sie bestand die Aufnahmeprüfung, die eine ganze Woche dauerte, und Ostern 1936 kam sie in die Mittelschule.

Am ersten Schultag versammelten sich alle Kinder auf dem Schulhof. Der Rektor begrüßte die Neulinge, sagte ihnen ein paar freundliche Worte und stellte die Klassenlehrer vor. Es gab zwei neue sechste Klassen, das waren die jüngsten Schüler der Schule. In die erste Klasse gingen die Schulabgänger, die zum Abschluß die Prüfung für die mittlere Reife machen mußten.

Nach der kleinen Ansprache des Schulleiters wurde die Fahne gehißt, die Hakenkreuzfahne, rot, mit einem weißen Kreis, in dem sich das schwarze Hakenkreuz befand. Diese Fahne war den Kindern schon gut bekannt und sie wußten auch, dass sie mit erhobenem rechten Arm gegrüßt wurde. Dabei sangen die Kinder die Nationalhymne - das Deutschlandlied - die sie schon in der Grundschule gelernt hatte. Es war ein feierlicher Augenblick.

Danach führte der junge Lehrer seine Schüler in den Klassenraum. Vorne an der Wand hing das Bild des Führers Adolf Hitler, das ebenfalls allen Kindern vertraut war.

Nachdem alle Schülerinnen - es war eine reine Mädchenklasse - namentlich aufgerufen waren und ein Namensschild vor sich hingestellt hatten, das der Lehrer für sie geschrieben hatte, erzählte er ein wenig von sich.

"Hört zu," sagte er, "wenn ihr alle bei den Jungmädeln seid, dann dürft ihr mich duzen, wenn wir Uniform anhaben, denn ich gehöre auch zur Hitlerjugend."

Die meisten Mädchen waren schon bei den Jungmädeln, aber Anja hatte bisher noch keine Gelegenheit gehabt, diese Jugendgruppe kennenzulernen. Zu Hause erzählte sie den Eltern von diesem Wunsch des Lehrers.

"Wenn du die Schule deswegen nicht vernachlässigst, habe ich nichts dagegen. Du mußt aber versprechen, nicht zu bummeln und immer nach Schluß der Zusammenkünfte gleich nach Hause zu kommen. Wir möchten immer wissen, wo du bist und wann du zurückkommst."

Das versprach Anja gern, und schon am nächsten Tag nahm eine der neuen Klassenkameradinnen sie mit zu einem sogenannten "Heimabend".

Die Leiterin der Gruppe - man kannte die "Gruppenführerin" an einer grünweißen Schnur, die sie mit dem schwarzen Dreiecktuch um den Hals trug - war ein sympathisches junges Mädchen von ungefähr 17-18 Jahren. Anja mochte sie auf Anhieb.

Zuerst wurde ein Lied gesungen, das Anja schon von ihrer

Mutter und aus der Grundschule kannte, es heißt "Schwarzbraun ist die Haselnuß", danach wurde die Anwesenheitsliste herumgereicht und Anja mußte Namen und Anschrift eintragen. Als nächstes wurde ein Termin für den Sport bekanntgegeben. Anja erfuhr, dass einmal in der Woche am Mittwoch von 15 - 16 Uhr ein Heimabend stattfand und dass sie am Sonnabend von 16- 18 Uhr auf dem Sportplatz für das Sportfest, das einmal jeden Sommer veranstaltet wurde, trainieren mußten.

"Sieh bitte zu, dass du bald eine Uniform bekommst, so kannst du nicht mit uns marschieren." Damit war für den Neuling alles gesagt, und die Führerin wandte sich dem Thema des Tages zu. Es hieß "Eintopfsonntag, Spenden für die NSV".

Als Anja nach Hause kam, war sie voller neuer Eindrücke. Vater und Mutter konnten sie kaum bremsen, soviel hatte sie zu erzählen.

"Ich brauche eine Uniform, eine weiße Bluse, einen dunkelblauen Rock und eine Kletterweste, so eine weiche, gelbe. Da werden Abzeichen aus Stoff auf den Ärmel genäht. Dann gehört noch ein schwarzes Dreiecktuch und ein lederner Knoten dazu. Kannst du mir das kaufen, Vati?"

"Nun mal langsam, mein Kind, wir werden sehen, was sich machen läßt. Mutti wird dir sicher Rock und Bluse nähen können."

"Ja, aber es muß alles richtig sein, nicht einfach so ein Rock und eine gewöhnliche Bluse. Der Rock wird an die Bluse angeknöpft und hat zwei Taschen, die man auch zuknöpfen kann."

"Du hast dir ja offensichtlich alles gut angesehen."

"Die Stoffabzeichen kriegt man in der Stadt in einem Uniformgeschäft, ein schwarzes Dreieck muß auf den linken Blusenärmel genäht werden und eins auf die Kletterweste. Darunter kommt dann so ein rotweißer Salmi mit dem Hakenkreuz."

"Das wird alles kein Problem sein", sagte die Mutter, "ich werde mir so ein 'Kostüm' genau ansehen."

"Aber die Jacke, die kannst du nicht selbst nähen, die ist aus einem besonderen Stoff und hat vier kleine Taschen..."

"Auch das Problem werden wir lösen. Aber nun berichte mal, was habt ihr sonst getan?"

"Was heißt NSV, Vati?" fragte Anja jetzt.

"Nationalsozialistische Volkswohlfahrt."

"Und was bedeutet das? Ist das auch eine Partei?"

"Nein, das ist nur eine besondere Gruppe innerhalb der Partei. Die Leute von der NSV kümmern sich um Arme und Kranke, alte Leute und andere Hilfsbedürftige."

"Aber was hat der Eintopfsonntag damit zu tun?"

"Sieh mal, es gibt reiche Leute, die sich jeden Sonntag einen dicken Braten leisten können und sogar noch in der Woche Koteletts und Würstchen essen. Diese Menschen sollen an einem Sonntag auf ihren Braten verzichten, etwas Einfaches essen und das Geld, was sie dadurch sparen, in die Sammeldose der NSV stecken, damit man damit Bedürftigen helfen kann."

"Das finde ich gut", sagte Anja.

Als am Sonntag eine Frau mit einer Sammelbüchse an der

Haustür klingelte, durfte sie eine Mark in die Dose stecken. Das war damals viel Geld, wenn man bedenkt, dass man für einen Liter Vollmilch 24 Pfennige bezahlte und ein dreipfündiges Brot für 40 Pfennig bekam.

Anfangs machte der Dienst bei den Jungmädeln viel Spaß. Anja hatte eine Gruppenführerin, die immer fröhlich war, gut und lebendig erzählen konnte und sehr gern sang. Mit einigen Mädeln, verstand sie sich recht gut, aber andere die das Lyzeum besuchten, waren schwierig. Alle Versuche, sie zu Kameradschaft und Hilfsbereitschaft zu erziehen, was die Gruppenführerin als ihre Hauptaufgabe ansah, mißlangen.

Es kam immer wieder vor, dass z.B. beim Sport, wenn Anja bei einer Übung scheiterte, von diesen Mädchen ein höhnisches Gelächter angestimmt wurde.

Sie äußerten laut und für alle vernehmbar, dass ein deutsches Mädel sportliche Leistungen zu bringen hätte usw. Es war für Anja unverständlich, dass gerade aus dieser Gruppe Mädchen ausgesucht wurden, die für den Führerinnen-Nachwuchs in eine besondere Einheit versetzt wurden. Sie hatte zwar keinen Ehrgeiz in dieser Hinsicht, aber sie wollte doch verstehen, nach welchen Gesichtspunkten ausgewählt wurde.

Als die Mädchen einmal singend zu einer Kinovorstellung durch die Stadt marschieren sollten, fand sie daran gar keinen Gefallen. Sie hätten sich doch gleich am Kino treffen können, statt nun hintereinander im gleichen Schritt wie die Soldaten zu marschieren. Außerdem trat das Mädchen hinter ihr sie immer auf die Hacken und sie hatte das Gefühl, als ob das mit Absicht geschah, denn dieses Mädchen war ziemlich bösartig.

Der Vater achtete in dieser Zeit ganz besonders auf die pünktliche Heimkehr von derartigen Veranstaltungen und auch darauf, dass die Schularbeiten nicht vernachlässigt wurden und die häusliche Unterstützung der Mutter regelmäßig erfolgte.

Einmal, als das Ende der Sportstunde sich durch ein paar organisatorische Dinge um 15 Minuten verzögerte, kam er - ärgerlich über diese Verspätung - seiner Tochter schon mit großen Schritten entgegen.

Nur mit Mühe konnte sie seinen Zorn besänftigen und ihm erklären, dass es nicht an ihr lag, dass sie zu spät nach Hause kam.

Sonst war es für alle eine gute, erfolgreiche Zeit. Doris liebte ihr Geschäft, Erik half nach Dienstschluß und löste sie im Laden ab, damit sie sich um die Kinder kümmern konnte.

Der kleine Erik machte ihnen allerdings Sorge, er litt an einer hochgradigen Rachitis, einer Mangelkrankheit, die man ärztlicherseits mit Lebertran und einer Höhensonnenkur behandelte. Um Doris von den vielen Arztbesuchen zu entlasten, kaufte Erik eine Höhensonne und kümmerte sich darum, dass der Kleine regelmäßig bestrahlt wurde. So wurden Folgeschäden dieser Krankheit vermieden. Es war aber immer noch schwierig mit dem Jungen, er war ein schlechter Esser, blieb zart und anfällig für alle Infektionskrankheiten. Daher wurde er von allen verhätschelt und verwöhnt, was er offensichtlich genoß.

Besonders Oma Fricke hatte wieder eine Aufgabe, die sie mit Freude erfüllte. Sie fuhr stundenlang bei gutem Wetter mit dem Jungen spazieren, damit er ordentlich Appetit an der frischen Luft bekam.

* * *

Die finanzielle Situation der Familie war jetzt stabil, und Erik und Doris trugen sich mit dem Gedanken, etwas Eigenes aufzubauen. Sie pachteten in der Elbmarsch in einer Gartenkolonie ein Stück Land, in der Hoffnung, hier später vielleicht einmal ein Häuschen bauen zu können. Jedes Wochenende verbrachten sie, wenn das Wetter es erlaubte, mit den Kindern in ihrem "Garten", ackerten, bauten eine Laube und saßen abends im Sommer mit den Gartennachbarn gemütlich bei einem Glas Bier.

Die Kinder genossen das freie Leben. Sie planschten im Bach, der zur Entwässerung des moorigen Bodens rund um das Stück Land angelegt war, beobachteten die Frösche und anderes Wassergetier und legten selbst kleine Gärten mit Ringelblumen und Radieschen an. Leider dauerte dieses Vergnügen nur knapp zwei Jahre. Dann hieß es, es solle dort eine Arbeitersiedlung gebaut werden. Erik und Doris gaben das Land wieder ab, denn die Baugesellschaft hatte schon alles verplant. Die beiden versuchten jetzt am Waldrand ein Stück Land zu pachten, erfuhren aber bald, dass hier niemals gebaut werden sollte. Also zogen sie sich von diesem Projekt wieder zurück und schoben ihre Pläne erst einmal auf.

Erik hatte auch das Gefühl, dass die Lage politisch etwas zu unsicher geworden war, um lange im Voraus zu planen.

Nach dem Anschluß Österreichs an das Deutsche Reich im März 1938, der Proklamation Großdeutschlands, folgte nach einer Zusammenkunft europäischer Staatsmänner in München die Angliederung des Sudetenlandes. Am 15. März erfolgte der deutsche Einmarsch in Böhmen-Mähren, und die Erklärung der Rest-Tschechoslowakei zum Protektorat. Kurze Zeit später begannen Unruhen in Polen, die alle Deutschen mit Besorgnis verfolgten.

In dieser Zeit hatte Anja in der Schule ein Erlebnis, dass lange und anhaltend nachwirkte und mit dem sie selbst nicht allein fertig wurde.

In der Parallelklasse gab es ein nettes Mädchen mit tiefschwarzen Augen. Eine kleine Schönheit, der Vater hatte in der Innenstadt ein Textilgeschäft. In der großen Pause am Tag nach den Pogromen gegen die Juden am 9. /10 November 1938 in Deutschland, stand dieses Mädchen ganz allein vor der Schultür, als ein anderes Mädchen aus Anjas Klasse wie eine Furie auf sie losging und sie anschrie: „Du Judenweib gehörst auch zu den Blutsaugern und Mördern."

Sofort bildete sich ein Kreis um die beiden und die Angreiferin wollte gerade auf die kleine Jüdin losschlagen, als der aufsichtführende Lehrer dazwischen ging und die Angegriffene ins Haus führte.

In der Klasse gab es dann eine heftige Diskussion, und nur

wenige Mädel waren der gleichen Ansicht, wie die aggressive Mitschülerin. „Was kann Sarah dazu, wenn in Frankreich ein Fanatiker einen deutschen Diplomaten ermordet?" fragten viele. Und der Lehrer, ein überzeugter Nationalsozialist, stimmte ihnen zu. Man sprach dann aber auch ganz allgemein über das Problem „Juden", darüber, dass der Einfuß dieser Volksgruppe zu stark war im Bankwesen, in Film und Theater und überall, wo es um Geld ging, denn diese Menschen waren kluge und gute Geschäftsleute.

Der Lehrers erzählte ihnen von Begebenheiten aus der Geschichte und aus anderen Ländern, wo die Menschen sich gegen den Einfluß der Juden zur Wehr gesetzt hatten. „Aber deshalb muß man sich nicht so verhalten, wie wir es eben auf dem Schulhof erlebt haben", sagte der Lehrer mit einem vorwurfsvollen Blick auf die betreffende Schülerin.

Ein paar Tage später hörten die Kinder, dass Sarahs Familie das Geschäft aufgegeben hatte und nach England ausgewandert war.

In diesem Jahr traf die junge Familie noch ein besonders harter Schicksalsschlag. Doris Großvater verunglückte bei einem Abendspaziergang auf der Straße vor seinem Haus. Er hatte die Angewohnheit, auf der Fahrbahn zu gehen nicht ablegen können. Trotz des in letzter Zeit stärker werdenden Verkehrs ging er immer wieder gedankenverloren auf der seit einiger Zeit asphaltierten Straße, auf der die Lastwagen der Wehrmacht fast täglich zu den Kasernen vorbeidonnerten.

Viele Leute besaßen jetzt auch Fahrräder, und besonders

die jungen Burschen liebten es, auf der schönen glatten Straße Wettrennen zu veranstalten. So mancher Junge fuhr auch ohne Beleuchtung in der Dunkelheit. Das wurde dem Großvater zum Verhängnis. Der Radler sah ihn nicht, glaubte auf der Fahrbahn freie Fahrt zu haben, als der Großvater die Straße arglos überquerte. Es gab einen heftigen Zusammenprall, der alte Mann fiel hart mit dem Kopf auf den Kantstein und der Junge stürzte über ihn hinweg.

Dabei kam dieser noch glimpflich davon, aber der Großvater hatte eine schwere Kopfverletzung und mußte ins Krankenhaus gebracht werden. Es dauerte ziemlich lange, ehe ein Krankenwagen kam, denn der Weg zum nächsten Telefon nahm etliche Zeit in Anspruch, die sich als verhängnisvoll für den Verletzten erwies. Aber Privatleute hatten damals nur selten ein Telefon. Großvater kam noch einmal kurz zu sich, als Doris an seinem Bett saß, sprach von seinen Blumen, grüßte die Kinder und starb noch in derselben Nacht.

Für Doris und Erik war der Tod des Großvaters ein schwerer Verlust. Niemand sonst hatte eine so enge, vertrauensvolle Beziehung zu ihnen, wie dieser alte Mann. Es dauerte lange, ehe Doris sich ohne den Großvater zurechtfand.

Heiner besuchte inzwischen die vierte Grundschulklasse, und Anja hatte sich in ihrer Klasse an die Spitze hochgearbeitet. Sie liebte vor allem die Naturkundefächer Biologie, Physik und Chemie und zeigte reges Interesse für die beiden Fremdsprachen Englisch und Französisch. Das Englische lag ihr sehr, die Vokabeln fielen ihr so zu, aber für den Französischunterricht mußte sie tüchtig lernen.

Ihr Lieblingsfach aber war Deutsch, Aufsätze hätte sie jeden Tag schreiben können. Als sie dann im Deutschunterricht die Siegfriedsage kennenlernte, setzte sie sich mit einer Freundin zusammen und schrieb dazu ein Bühnenstück.

Sie übte mit den Mitschülerinnen das Stück ein, die Mädel bauten die Bühnendekoration und durften am letzten Schultag vor den Sommerferien 1939 dieses Stück der Schulgemeinde vorführen. Am besten gefiel den Schülern und Lehrern das letzte Bild, als Hagen von Tronje triumphierend das Schwert des toten Siegfried in die Höhe hielt. Die Mädchen waren sich nicht einig, war es nun Mord oder "Hagensche Treue". Sie hatten immer wieder darüber diskutiert.

Auf jeden Fall war es ein toller Erfolg, und der Klassenlehrer plante, es nach den Ferien auch den Eltern vorzuführen.

* * *

9. Der zweite Weltkrieg 1939 - 1945

Aber es kam ganz anders. Als die Sommerferien, die Anja und ihr Bruder am Elbestrand oder im Schwimmbad im Stadtpark verbrachten, vorbei waren und alle voller Tatendrang braungebrannt nach wunderbaren Sonnenwochen zurückkamen, war die politische Lage so angespannt, dass in der Schule keiner an eine Schulveranstaltung dachte.

In Polen kamen täglich Übergriffe gegen die deutsche Minderheit vor. Der sogenannte "Korridor", der den Polen nach dem 1. Weltkrieg von den Siegermächten zugesprochen worden war, damit sie einen Zugang zum Meer hatten, war ein besonderer Unruheherd. Täglich hörten die Menschen im Radio von neuen Greueltaten. Junge Männer wurden zur Wehrmacht eingezogen und an die deutsch-polnische Grenze transportiert. Als Hitler dann den Einmarsch in Polen befahl, dachte niemand mehr an Schulfeste.

Der Klassenlehrer wurde zur Wehrmacht einberufen. Ein alter Lehrer übernahm die Klasse.

Zu Hause saß die Familie abends vor dem Radio, hörte die Wehrmachtsberichte und diskutierte über die Maßnahmen, die in der Heimat getroffen worden waren.

Es wurden Luftschutzkeller eingerichtet und mit der Bevölkerung Übungen für den Fall eines Luftangriffes durchgeführt.

Die einschneidendste Maßnahme traf Doris und ihren Lebensmittelladen.

Alle sogenannten "Volksnahrungsmittel" wie Brot, Mehl, Fett, Zucker, Fleisch und Milch wurden rationiert. Es gab sie nur auf Lebensmittelmarken, die sofort nach Kriegsbeginn ausgeteilt wurden.

Man wollte damit vermeiden, dass, wie im 1. Weltkrieg, nur eine Gruppe der Bevölkerung satt wurde und die anderen, weniger begüterten, hungern mußten.

Textilien gab es auf Kleiderkarte, die für ein Jahr 100 Punkte enthielt. Die Punktzahl für die verschiedenen Kleidungsstücke wurden amtlicherseits festgelegt. Es wurde ein Wirtschaftsamt eingerichtet, das bei Bedarf auch Bezugsscheine für Schuhe ausgab. Ansonsten verlief das tägliche Leben wie gewohnt. Man verfolgte mit Spannung die Wehrmachtsberichte, freute sich über den schnellen Verlauf der Operationen, war aber auch betroffen über die zunehmende Zahl der Todesanzeigen mit dem eisernen Kreuz in der linken oberen Ecke.

Alle Menschen hofften auf einen baldigen Frieden nach Beendigung des Polenfeldzuges, zumal offensichtlich das große Rußland mit uns einig war und Hitler mit den Russen einen Nichtangriffspakt geschlossen hatte. Aber inzwischen hatten England und Frankreich, die den Polen Waffenhilfe versprochen hatten, dem Deutschen Reich den Krieg erklärt. Trotz allem hofften die Menschen auf ein schnelles Kriegsende nach dem "Blitzkrieg" in Polen.

Die Kinder gingen in die Schule wie immer. Noch merkten sie nichts vom Krieg, außer dass die jungen Lehrer eingezogen wurden und nur noch Lehrerinnen und ältere Lehrer den Schulbetrieb aufrechterhielten.

Auf dem Postamt gab es für Erik viel zu tun, denn eine neue Abteilung für Feldpost mußte eingerichtet werden. Abends saß die ganze Familie im großen Wohn-Schlafzimmer um den Tisch und sortierte die tagsüber eingenommenen Marken, klebte sie auf große Bögen zu je 100 Stück und füllte die Kontrollscheine dafür aus. Einmal in der Woche wurde Anja damit zum Wirtschaftsamt geschickt, wo alle Bögen sorgfältig geprüft wurden. Dann stellte man für die abgerechnete Menge einen Bezugsschein aus, den Doris dem jeweiligen Lieferanten geben mußte. Sie war verpflichtet, alle bewirtschafteten Lebensmittel nur und zwar ganz genau, auf Marken abzugeben.

Nachdem im April 1940 Dänemark von deutschen Truppen besetzt worden war, wurden in einer Blitzaktion auch die norwegischen Häfen besetzt. Die deutschen Soldaten kamen den Engländern nur um wenige Stunden zuvor.

Ostern 1940 wechselte Anja die Schule und ging zum Lyzeum über. Sie wollte das Abitur machen und vielleicht einmal Medizin studieren.

Der Wechsel verlief reibungslos. Die alte, vertraute Mittelschule wurde geräumt und dort ein Hilfskrankenhaus eingerichtet.

Die Schülerinnen der Mittelschule teilten sich jetzt im Schichtunterricht das Gebäude des Lyzeums. Eine Woche war für die Mittelschülerinnen vormittags Unterricht, in der anderen Woche mußten sie nachmittags zum Unterricht kommen. Alle Klassenräume wurden doppelt belegt, was oft zu "Besitzschwierigkeiten" führte.

Anja fand in ihrer neuen Klasse nur mit wenigen Mädchen Kontakt.

In einigen Fächern, so zum Beispiel im Englischunterricht war sie den anderen Mädchen weit voraus, hatte aber in Mathematik etliches nachzuholen.

Das hätte ihr wenig ausgemacht, aber eine Klassengemeinschaft, wie sie sie aus der Mittelschule kannte, gab es hier nicht, im Gegenteil, es gab Mädchen, die absolut hochmütig auf die ehemalige "Mittelschülerin" herabsahen.

Ein Vorfall enttäuschte sie ganz besonders.

Am Wochenende, als ihre Klasse wieder am Nachmittag Unterricht hatte, fanden sich unter der Bank ein Paar gute lederne Handschuhe. Da sie niemandem aus der Klasse gehörten, sagte ein Mädchen: "Vielleicht hat jemand aus der Mittelschule sie hier vergessen." Die Klassenlehrerin, eine sehr vornehme tuende, "standesbewußte" Oberstudienrätin, sagte daraufhin ziemlich empört: "Mädchen aus der Mittelschule tragen doch solche Handschuhe nicht."

Der Ton, in dem das gesagt wurde, war voller Verachtung.

* * *

Der erste Luftangriff auf die größte Ölstadt des Deutschen Reiches im Mai erfolgte unerwartet. Anja stand gerade vor dem Geschäft der Mutter, als plötzlich das schreckliche Geheul der Sirenen ertönte. Die Leute auf der Straße sahen sich ungläubig an. War das nun ein Probealarm, den man schon mehrmals gehabt hatte, um den Leuten klarzumachen, was in solchen Fällen zu tun sei, der aber auch im allgemeinen vorher angekündigt wurde, oder war es ein richtiger, ernst zu nehmender Angriff feindlicher Flugzeuge? Niemand wußte so recht, was er trotz aller vorheriger Übungen tun sollte.

Da begann die Flak zu schießen und die Menschen stürzten voller Schrecken in das nächste Haus. Sie drängten sich in den notdürftig eingerichteten Schutzräumen der umliegenden Häuser.

Das Krachen von Bomben, der Motorenlärm der über die Stadt dahin brausenden Bomber und das Tackern von Maschinengewehren erfüllte alle mit Entsetzen. Anja spürte, wie ihre Knie zitterten. Sie hielt den kleinen Bruder im Arm.

Der Mutter fiel ein, dass sie den Laden hätte abschließen müssen, was sie in der Aufregung ganz vergessen hatte. Aber nun war es zu spät. Der Luftschutz-Hauswart ließ niemanden aus dem Keller heraus. Den Anordnungen eines Hauswartes hatte jeder zu folgen, das hatten sie alle auf den Übungsabenden gelernt.

Nach einer allen Anwesenden unendlich lang erscheinenden Zeit heulten die Sirenen Entwarnung. Alles stürzte nach draußen. Über dem Industriegebiet erhellten Feuer den Himmel. Man hörte das Martinshorn von Feuerwehr und Polizei. Doris schloß den Laden ab und lief dann mit den Kindern über den großen Platz im Park, von wo aus man das Haus der Großeltern sehen konnte.

Leute, die ihnen entgegenkamen, erzählten, dass gerade in dieser Straße mehrere Bomben gefallen waren, die wohl eigentlich für die etwas entfernt davon liegenden Ölraffinerien gedacht waren.

Großvaters Frickes Haus war getroffen worden. Die ganze Wand zum Hof war weggerissen, man konnte in die Küchen und in die Wohnzimmer schauen, als sei das Haus eine offene Bühne. An der Ecke gegenüber war das ganze Haus in sich zusammengefallen und hatte die Einwohner unter sich begraben. Freiwillige Helfer und Soldaten waren dabei, Überlebende zu bergen.

Doris wollte die Großeltern überreden, mit ihr zu kommen, aber sie wollten bei ihren Sachen bleiben und begannen, alles in die hinteren Räume zu tragen, was noch brauchbar war. Hier waren zwar auch die Fensterscheiben zerbrochen, aber sie nagelten zuerst einmal Wolldecken davor.

Erik, der diesen Angriff im Amt erlebt hatte, bekam für den nächsten Tag frei, um bei den Aufräumungsarbeiten zu helfen. Schon in der nächsten Woche rückten Maurerkolonnen an, um die beschädigten Räume wieder dicht zu machen. Glücklicherweise blieb dieses Gebiet für die nächste Zeit von weiteren Schäden verschont, obgleich noch mehrere Male Alarm gegeben wurde. Jetzt mußten die Bewohner der Stadt und der umliegenden Dörfer auch oft des Nachts in den Keller.

Inzwischen waren die deutschen Truppen über Holland und Belgien tief nach Frankreich eingedrungen. Am 14.6.1940 rückten sie in Paris ein. Wieder war gerade ein

Nachtalarm, als die Sondermeldung durchgegeben wurde. Die Bewohner des Hauses standen im Luftschutzkeller auf und sangen das Deutschlandlied, obwohl draußen die Flak schoß und das Dröhnen der Bomber zu hören war.

* * *

Im Herbst 1940 startete die NSV dann eine Aktion, die sich KLV, d. h "Kinder- Land-Verschickung" nannte. Erik, der für einen jungen Kollegen, der eingezogen worden war, dessen Aufgaben in der NSV übernommen hatte, mußte bei den Eltern für diese Verschickung werben und auch mit gutem Beispiel vorangehen.

Da der fünfjährige Erik durch die nächtlichen Störungen auch gesundheitlich wieder sehr labil war, meldete er Anja und den Jungen für eine Verschickung an. Anfangs war das Mädchen gar nicht sehr erfreut über diese Aussicht, als es aber hieß, die Kinder werden nach Wien geschickt, da kannte ihre Begeisterung keine Grenzen. Wien, die alte Kaiserstadt, das mußte wunderbar werden.

Alle Kinder sollten privat bei Wiener Familien untergebracht werden. Es war dort eine Vielzahl von Meldungen eingegangen. Die Bereitschaft der Wiener, den Kindern aus den luftgefährdeten Gebieten Unterkunft zu geben, war groß.

Nun wurden im Hause Fricke die Koffer gepackt, Anja in der Schule abgemeldet, und Mitte Oktober 1940 war es dann so weit. Am Hauptbahnhof versammelten sich die Eltern mit den Kindern aller Altersstufen. Schwestern vom

Roten Kreuz und Helferinnen der NSV nahmen die Kinder in Empfang, sorgten dafür, dass in jedem Abteil auch ein größeres Mädchen oder ein Junge die Aufsicht über die kleineren übernahm, und dann begann die Reise ins Unbekannte.

Doris und Erik gingen schweren Herzens nach Hause, aber doch getröstet, dass zwei ihrer Kinder in Sicherheit waren. Wer konnte wissen, was noch alles auf sie zukam.

Auch Heiner fuhr in den nächsten Tagen mit seiner Klasse und dem Klassenlehrer in ein KLV-Lager nach Bayern. Nun waren die Eltern allein, ohne zu wissen, wie lange die Trennung von ihren Kindern dauern würde.

Zwei Tage nach Abfahrt der Kinder nach Wien kam Nachricht von ihrer Ankunft über die NSV und nach weiteren zwei Tagen erhielten die Eltern den ersten Brief von Anja.

Doris las ihn immer wieder, zeigte ihn auch voller Freude den Großeltern.

"Lies ihn mir vor," sagte der Großvater, "ich komme mit der lateinischen Schrift nicht so zurecht. Warum müssen die Kinder eigentlich eine andere Schrift lernen, als wir früher?" Großvater Fricke hatte die deutsche Sütterlinschrift gelernt und schrieb sie immer noch sauber und exakt, so wie in der Schule gelernt.

Den Brief seiner Enkelin konnte er nur mit großer Mühe entziffern. Deutsche Einheitsschrift nannte man sie, sie war der lateinischen Schrift angepaßt.

So mußte also Doris vorlesen:

Liebe Mutti, lieber Vati, wir haben eine lange Fahrt hinter

uns, 36 Stunden sind wir im Abteil einsperrt gewesen, denn unser Zug mußte immer wieder warten, weil ein Transport mit Soldaten vorbei mußte.

Als wir über Hannover hinaus waren, lag schon Schnee. Wir konnten es zuerst nicht glauben, aber je weiter es nach Süden ging, desto höher lag er überall.

Auf den großen Bahnhöfen wurden wir von NSV-Frauen gut versorgt, wir bekamen dick belegte Brote, Süßigkeiten und viel Saft zu trinken. Nur langweilig war es zum Schluß, denn keiner wollte mehr ausgucken, alle waren müde und viele kleine Kinder haben geweint. Gegen Mittag kamen wir dann endlich in Wien an. Die Koffer wurden auf Lastwagen verladen und wir stiegen in Busse ein, die am Bahnhof schon auf uns warteten.

Unser Bus fuhr in einen schönen Vorort direkt am Wiener-wald. Man kann den berühmten Kahlenberg von hier sehen. Es warteten schon etliche Pflegeeltern auf ihre Hamburger Kinder.

Für Erik und mich war aber niemand da. Es stellte sich heraus, dass Eriks Pflegeeltern in Urlaub waren und man vergessen hatte, meine zu benachrichtigen. Nachdem die Frau dort auf der Dienststelle telefoniert hatte, kam eine Dame, uns abzuholen. Es war die Schwester des Archi-tekten, zu dem ich gebracht werden sollte. Erik darf vor-läufig auch hier bleiben. Es sind sehr nette Leute. Wir haben ein Zimmer in der Mansarde, wo man schnell noch für Erik ein Bett aufgestellt hat. Nun ist es hier zwar ein bißchen eng, aber das macht nichts.

Morgen schreibe ich weiter.

94

Heute morgen kam ein älterer Herr, als wir gerade beim Frühstück waren. Wir haben nach der langen Reise gut und lange geschlafen. Niemand hatte uns geweckt. Der Herr war der Vater von Onkel T., er hat mir viel erzählt, aber ich habe nur die Hälfte verstanden, denn er spricht einen für uns unverständlichen Dialekt.

Ich habe deshalb auch nicht viel antworten können. Später erfuhren wir dann, dass Erik auf jeden Fall mit mir zusammen bleiben soll. Ist das nicht schön?

Ich glaube, wir werden uns hier sehr wohl fühlen, und ich hoffe nur, dass Ihr nicht zu oft in den Keller müßt und alles heil bleibt.

Morgen werde ich hier in der Schule angemeldet.

Viele Grüße an Euch alle   Anja

Außer dem Absender hatte sie auch noch eine Telefonnummer unter den Brief geschrieben. Vielleicht hatte der Vater auf dem Amt ja einmal Gelegenheit, in Wien anzurufen.

Erik und Doris fühlten sich sehr einsam in diesen Wintermonaten ohne die Kinder, vor allem in der Adventszeit, die Doris immer sehr festlich für die Familie gestaltet hatte. Die Kinder schrieben zwar regelmäßig, Heimweh hatte glücklicherweise aber offenbar keiner. Die Wiener Pflegeeltern, die selbst kinderlos waren, hatten an den beiden Pfleglingen ihre Freude und berichteten regelmäßig über ihr Wohlbefinden. Es gab doppelte Lebensmittelkarten für die Kinder, so dass man sie auch ordentlich verpflegen konnte.

Anja ging wieder in die Schule, ins Gymnasium am

Kalvarienberg. Da sie eine gute und freundliche Schülerin war, gelang es ihr bald, mit den anderen Mädchen in Kontakt zu kommen. In der ersten Deutschstunde gab es allerdings ein großes Gelächter, als sie eine Geschichte vorlesen mußte und sie mit ihrer etwas harten norddeutschen Aussprache über die ST stolperte. Als der erste Schock überwunden war, gelang es ihr bald, sich der weichen wienerischen Art zu sprechen anzupassen. In den Englischstunden merkten die Mitschülerinnen dann, dass sie ihnen weit überlegen war und zollten entsprechenden Beifall. Wenn jemand Schwierigkeiten hatte, wurde Anja gefragt und sie gab gern Auskunft. Bei solchen Gelegenheiten fand sie heraus, dass sie ein Geschick hatte, anderen etwas zu erklären, und zum ersten Mal war sie sich nicht mehr sicher, ob sie wirklich Medizin studieren oder vielleicht doch lieber Lehrerin werden sollte.

Sie mußte sich an viele Dinge hier allerdings erst gewöhnen. So ging es in dieser Schule ziemlich militärisch zu.

Eine Schülerin stand immer auf dem Flur, bevor der Unterricht begann, und wenn der Lehrer oder die Lehrerin im Anmarsch war, rief sie: "Achtung!" - Alle Schüler standen dann in aufrechter Haltung hinter ihrem Tisch.

Die Lehrkraft, die hier Frau oder Herr Professor genannt wurde, obwohl sie keine richtigen Professoren waren, begrüßten die Mädchen mit dem "Deutschen Gruß", der laut und kräftig erwidert wurde.

So zackig war es in Hamburg nicht zugegangen, aber man gewöhnt sich an alles.

96

Der Schulweg war für Anja auch ein besonderes Erlebnis. Sie mußte mit der Straßenbahn in die Stadt hineinfahren. Es gab dafür eine Monatskarte, aber es fuhren nur wenige Bahnen, so dass man nicht die Abfahrzeiten verpassen durfte, denn wenn eine davonfuhr, mußte man oft mehr als eine halbe Stunde warten. Weil aber der Winter in diesem Jahr sehr kalt war, war das sehr unangenehm.

Manchmal mußten die Leute ein Stück zu Fuß gehen, wenn der Schnee noch nicht fortgeräumt war, der gerade in diesem Winter ziemlich hoch lag. Es schneite oft in der Nacht ununterbrochen, und Anja wachte am Morgen durch die Geräusch auf, die die Arbeiter der Baufirma mit ihren Schaufeln auf den Gehwegplatten erzeugten, wenn sie den ziemlich langen Weg vom Haus zur Straße freischaufelten. Oben in dem kleinen Mansardenzimmer stand ein Kanonenofen, der am Nachmittag mit Holz angeheizt wurde. Das kleine Zimmer wurde schnell warm, aber ebenso schnell war das Feuer wieder aus, wenn man nicht rechtzeitig Holz nachlegte. Anja machte hier oben ihre Schularbeiten und vergaß manchmal, nach dem Feuer zu sehen, wenn sie gar zu sehr in ihre Arbeit vertieft war. Sie merkte dann plötzlich, dass sie kalte Füße bekam und mußte erst einmal den Ofen wieder ausräumen und neu anheizen. Das lernte sie aber sehr schnell.

Anfang Dezember wurde in der Schule verkündet, dass die Klasse zu einem Skikurs nach Spital am Semmering fahren würde. Das war für das norddeutsche Mädchen eine ganz besonders verlockende Aussicht. Die Eltern erklärten sich einverstanden, und so bekam sie zu Weihnachten ein paar

Ski von den Pflegeeltern, und die Mutter nähte in Hamburg eine warme Skihose und strickte einen dicken Pullover. Gleich im neuen Jahr 1941 starteten die Mädchen mit ihrer Sportlehrerin. Anja schrieb einen begeisterten Brief an ihre Eltern:

"...Ihr glaubt gar nicht, wie hoch der Schnee hier liegt. Von den kleineren Tannen schaut nur noch die Spitze heraus. Gleich vor der Jugendherberge ist ein großer Hang, auf dem die 'Anfänger' zuerst das Stehen und Gehen auf den Brettern lernen müssen. Ich habe es sehr schnell gelernt und darf nun schon mit den besseren Läuferinnen den etwas steileren Abhang hinunter fahren.

Wir sind praktisch den ganzen Tag draußen und haben dann immer großen Hunger, wenn wir zu den Mahlzeiten zurückkommen. Es gibt hier eigentlich recht gutes Essen. Wir haben ja auch eine ganze Menge Marken abgeben müssen.

Morgen ist nun der letzte Tag und da machen wir ein Preislaufen. Es ist so eine Art Slalom. Wer am wenigsten anstößt, hat gewonnen......

Erik war stolz auf seine Tochter, als er erfuhr, dass sie den ersten Preis für die Anfängergruppe gewonnen hatte. Es gab ein Büchlein mit Widmung zur Erinnerung.

Anfang März 1941 hatte er seine Einberufung zur Feldpost bekommen. Da ihm noch zwei Wochen Urlaub zustanden, beschlossen Doris und Erik, dass er für eine Woche nach Wien fahren sollte, um seine Kinder dort zu besuchen.

Die Kinder waren ganz ahnungslos, denn die Pflegeeltern hatten nichts verraten. Die Freude war groß, als der Vater plötzlich vor der Tür stand. Es folgten ein paar schöne Tage. Die Osterferien hatten gerade begonnen. Erik machte unter Führung der Pflegemutter mit seinen Kindern schöne Ausflüge. Sie wanderten auf den Kahlenberg, fuhren an die Donau und besuchten den Prater. In der Praterallee blühten die Kastanienbäume und auf dem Wurstl-Prater stiegen sie in das Riesenrad. Der Blick über das blühende Wien war herrlich. Erik schwärmte später noch immer wieder von diesem einmaligen Anblick. Der schönste Tag aber war, als alle in die Wachau fuhren und auf die Ruine Dürnstein stiegen. Man konnte den Krieg fast vergessen, wenn nicht täglich die Wehrmachtsberichte ihn wieder in die Erinnerung zurückriefen.

Aber eine Woche ist schnell herum. Erst am Abfahrtstag sagte Erik den Kindern, dass er nun bald eingezogen würde, zur Feldpost, wahrscheinlich nach Finnland, Helsinki war im Gespräch.

"Aber dann ist Mutti ja ganz allein! Dann müssen wir auch wieder nach Hause fahren." Anja ließ sich nun nicht mehr beruhigen. Solange sie die Mutter unter dem Schutz des Vaters wußte, war alles gut gewesen.

Aber nun war es anders. Als die großen Sommerferien anbrachen, wurden die Koffer gepackt. Weil die Pflegeeltern zu einer Hochzeit nach Norddeutschland fahren wollten, fuhren sie alle zusammen.

* * *

Nach den Sommerferien weigerte Anja sich, wieder in das

Lyzeum zu gehen. Sie hatte einige alte Mitschülerinnen aus der Mittelschule getroffen und hatte von der Möglichkeit gehört, in ihre alte Klasse zurückzukehren und nach dem Abschluß auf eine Lehrerbildungsanstalt in Hamburg zu gehen. Im Frühjahr 1942 machte sie mit mehreren Mitschülerinnen die Aufnahmeprüfung für diese Anstalt, bestand sie und schloß zu Ostern 1942 die Mittelschule mit der mittleren Reife ab. Die Ausbildung zur Volksschullehrerin sollte drei Jahre dauern.

Erik hatte ihr zu Weihnachten ein Akkordeon geschenkt. Sie lernte jetzt eifrig, auf dem Instrument zu spielen. Zweimal ging sie abends zu einem Kurs von der DAF (deutsche Arbeitsfront). Manchmal war es allerdings unangenehm, denn es gab oft Alarm, wenn sie auf dem Heimweg war. Dann rannte sie mit dem schweren Kasten so schnell sie konnte, um nach Haus in den Luftschutzkeller zu kommen.

Wegen der zunehmenden Alarme und der andauernden Störungen in der Nacht wurde der kleine Erik wieder nach Wien zu den Pflegeeltern geschickt und dort eingeschult.

Nach bestandener Prüfung hieß es nun für Anja täglich nach Hamburg fahren. Es kam oft vor, dass sie ihre Hausaufgaben im Luftschutzkeller machen mußte. Manchmal waren Mutter und Tochter so müde, dass sie erst aufstanden und in den Keller gingen, wenn es draußen wirklich ernst zu werden schien. Eine Zeitlang waren es aber nur Störungen durch Flugzeuge, die weiterflogen und nicht angriffen. Inzwischen war Heiner auch aus Bayern zurück und besuchte die Mittelschule. Wegen der vielen

Störungen durch die Engländer fiel ihm aber das konzentrierte Arbeiten in der Schule schwer und seine Versetzung war bedroht. Das war nun eine gute Aufgabe für Anja, die fleißig jeden Tag mit ihm übte und die beiden schafften es tatsächlich, dass der Junge wieder Fuß faßte und sogar ein recht gutes Zeugnis nach Haus brachte.

Voraussetzung für die staatliche Ausbildung zur Lehrerin war aber auch, dass sich die angehenden Erzieherinnen mit der Jugendarbeit befaßten und in der Jugendorganisation aktiv führend tätig waren. Bisher war Anja nur ein einfaches Jungmädeln gewesen. Jetzt kam sie zu den älteren Mädeln in den BDM. Der Dienst fand meistens abends von 19 -20.30 statt.

Nach einiger Zeit übernahm Anja die Gruppe ihres Wohnbezirks, die sie schon kannte. Sie mußte Heimabende gestalten, Sportstunden auf dem Platz abhalten und machte an Wochenenden Wanderungen mit den Mädchen. Auf den Heimabenden stopften sie Strümpfe der Soldaten oder strickten neue Socken für die Männer an der Front.

Am liebsten waren allen die Stunden, in denen sie sangen und Anja ihnen vorlas, Geschichten von Hermann Löns, Walter Flex, Theodor Storm u.a.

Aus Helsinki kam der Vater zum ersten Mal am 20.2.43 auf Urlaub. Er brachte seiner Tochter ein Tagebuch mit, das sie von dem Tag an mit kurzen Notizen versah. Hier sollen einige Auszüge mit Kommentar wiedergegeben werden, die über den Kriegsalltag eines jungen Mädchens sehr genau Auskunft geben. Auch die politische Aufgabe der jungen Menschen ist ohne Wertung zu sehen, es war die für sie gegebene Situation, in der sie leben und arbeiten mußten.

1943

8.3. Es gab Schulungsmaterial zum Vorlesen und Besprechen für einen Heimabend über das Tagebuch eines Stalingrad - Kämpfers.

Einige Mädchen weinten, sie hatten Vater, Bruder oder andere Angehörige in Stalingrad und wußten nichts über deren Schicksal. Das Schicksal der deutschen Soldaten in Stalingrad hatte alle in der Heimat sehr erschüttert. Viele fragten auch, ob das sein mußte, ob man die Männer nicht sinnlos geopfert hatte.

9.3. In der LBA. Wir schrieben einen vierstündigen Aufsatz über das Thema "Landschaft", ein Thema, dass in unseren Augen belanglos war. Es war schwierig, darüber so lange zu schreiben.

Manchmal dachten die Mädchen auch, dass vieles, was sie in der Schule lernen sollten, unnütz sei. Sie neigten eher dazu, etwas Praktisches zu tun in einer Zeit, wo es immer hieß, dass jedermann gebraucht würde.

10.3. Wir schrieben eine Spanischarbeit völlig unvorbereitet.

Der Spanischunterricht wurde bald danach abgebrochen,

da die Lehrerin diese Sprache selbst nicht gut beherrschte.
Alle Schülerinnen waren froh darüber.

16.3. Chorübung für die Verpflichtung (Aufnahme der Achtzehnjährigen in die NSDAP). Das Lied: "Heilig Vaterland" machte einen tiefen Eindruck auf alle Anwesenden, besonders der letzte Satz: "Du sollst bleiben Land, wir vergehn." Der Kreisleiter hielt eine gute Rede und sprach von der besonderen Verpflichtung, die die jungen Parteigenossen nun übernommen hatten. Er sprach von der großen Gemeinschaft und der Pflicht, sein Bestes zu geben und für andere einzutreten, die in Not seien.

Diese Partei-Aufnahme geschah automatisch, ohne dass man einen Antrag stellen mußte, wenn man aus der Jugendorganisation mit 18 Jahren ausschied. Für die angehenden Lehrer und Lehrerinnen war es Voraussetzung, dass sie in der Partei mitarbeiteten.

17.3. Vater zurück nach Helsinki.

Es war Eriks erster Urlaub. Er schien mit seiner Arbeit bei der Feldpost zufrieden zu sein. Er berichtete, dass sie in deutschfreundliche Familien eingeführt worden seien und von denen in ihrer Freizeit betreut wurden.

4.4. Tag der Wehrmacht, Veranstaltung mit Wehrmacht und Partei, Tag der offenen Tür in den Kasernen.

Einige Mädel haben in der Kantine Erbsensuppe aus-
gegeben, die es ohne Marken gab. Der Andrang der
Bevölkerung war groß, aber nicht nur wegen der Suppe.
Man war allgemein am Stand der Ausbildung der jungen
Soldaten interessiert, die alle möglichen Vorführungen
machten.

*16.5. Muttertag, Feier der Ortsgruppe, meine Gruppe hat
gesungen.*

Die Mädel liebten einen solchen Einsatz. Es wurden
Mütterkreuze vergeben an Mütter mit vier und mehr
Kindern.

*24.5. Heimabend wegen mangelnder Beteiligung
abgeblasen.*

Es kam immer häufiger vor, dass diese Abende wenig
besucht wurden, praktische Einsätze dagegen motivierten
die Mädchen mehr. Ein Grund waren auch die Alarme. Die
Eltern ließen die Mädchen nicht mehr so gern abends
gehen.

*5.6 Reichsjugendwettkampf der Jungmädel. Wir wurden
als Aufsicht eingesetzt.*

Dieser Wettkampf fand jährlich auf dem Sportplatz statt.
(Laufen, Springen Werfen). Sport war ganz besonders
wichtig.

6.6. Sportwettkampf der Schule Elisenstraße (Schulinterner Wettkampf).

Die angehenden Junglehrerinnen machten in dieser Schule ein Schulpraktikum, d. h. sie hörten dem Unterricht zu und mußten Aufsichten und kleine schulische Aufgaben übernehmen, d.h. in diesem Fall die Beaufsichtigung der Kinder, notieren der Leistungen usw.

8.6. Rettungsschwimmen der LBA, die Prüfung für das DRLG war Pflicht.

Eine Schwimmhalle war gleich der Schule gegenüber. Die jungen Mädchen bestanden diese Prüfung ohne Ausnahme.

11.6. Alarm am Vormittag, nachmittags Sport und abends mit den Mädels 20 Paar Soldatenstrümpfe gestopft.

Alarme am Vormittag unterbrachen den Unterricht, es gab dann für die ausgefallenen Stunden keine Hausaufgaben auf, was von den Schülerinnen sehr begrüßt wurde. Im Luftschutzkeller wurden auch oft noch nicht fertige Hausaufgaben gemeinsam gemacht.

15.6. Nächtliche Störung, Arbeit im Keller an der Vierteljahresarbeit über Nordafrika.

Es ging um geographische, historische und zeitgeschichtliche Fragen, z.B. den Feldzug in Nordafrika.

24.6. Führerinnen-Dreikämpfe. Alle machten mit.

Das war eine außergewöhnliche Tatsache, denn oft versuchten einige sich vor dem Sport zu drücken.

25.6. Sport für die Gruppe ist verregnet.

27.6. Bannsportfest.

Hier wurden die besten Sportler des Bannes festgestellt. (Jung)-Bannführer und Bannmädelführerin waren die höchsten Vorgesetzten in der H.J. des Stadtteils.

28.6. Biologie-Ausflug wegen der großen Arbeit nicht mitgemacht. Es waren wieder Pflanzen-Kennübungen im Moor.

An sich waren diese Ausflüge mit Prof. Garms sehr beliebt. Er besaß sehr viel pädagogisches Geschick und eine umfassende Kenntnis der Natur und machte diese Ausflüge zusätzlich zum Biologieunterricht. Aber die große schriftliche Arbeit für die Prüfung ging vor.

29.6. Vorletzter Schultag, Paddeln auf dem Bredenbeker Teich.

Es war ein herrlicher Sommertag, viel zu schön, um in der Schule zu sitzen. Es gab glücklicherweise auch keinen Alarm.

Es war einer der seltenen Tage, an dem niemand vom Krieg sprach und alle fröhlich und entspannt waren.

30.6. Arbeit abgegeben, Ferienbeginn.

* * *

Ferien in dieser Zeit verliefen nicht so, wie man sie heute verbringt. Am nächsten Tag begann für Anja ein Fabrikeinsatz in der Fabrik, in der ihr Vater zum ersten Mal nach der dreijährigen Arbeitslosigkeit 1933 wieder eine feste Arbeit bekommen hatte. Die jungen Mädchen machten diesen Einsatz, um Arbeitern zu einem Urlaub zu verhelfen, ohne dass die Produktion dadurch gestört wurde. Auf diesem Werk wurden Flugzeugteile zusammengenietet, eine Arbeit, die die Mädchen schnell lernten. Geld gab es dafür nicht.

Dieser Fabrikeinsatz dauerte vierzehn Tage. Es war nicht immer leicht, trotz der nächtlichen Störungen morgens um sechs Uhr in der Fabrik zu sein und zehn Stunden an einer Maschine zu stehen. Aber die Mädel waren zäh und von einer unglaublichen Bereitschaft, dazu beizutragen, dass dieser Krieg ein Ende nahm.

Nach dieser Fabrikarbeit hatte Anja endlich Zeit, den schon lange geplanten Besuch bei ihrer Großmutter in Hamburg zu machen. Als Erik Urlaub hatte, hatte er zum ersten Mal mit seiner Tochter über seine Mutter gesprochen, die jetzt in Hamburg-Hammerbrook wohnte.

Es war ihm nicht leicht gefallen, aber er ging davon aus, dass Anja inzwischen reif genug sei, das alles zu verstehen und zu verkraften. Er erklärte ihr auch, wer die Tante sei, die sie dann und wann besucht hatte und die Anja nicht so recht in den Kreis der Familie einordnen konnte.

Nun machte sie sich nach Voranmeldung auf den Weg nach Hammerbrook.

Es war der 23.7.1943, wie sich später herausstellte, ein in jeder Beziehung dramatischer Tag. Mit klopfendem Herzen drückte sie auf den Klingelknopf. Würde die Großmutter sie als Enkelin annehmen? Würden sie sich verstehen?

Eine liebe alte Dame öffnete die Tür und ehe Anja sich versah, hatte diese sie ohne ein Wort in ihre Arme geschlossen.

Der Kaffeetisch war liebevoll gedeckt und Anja mußte erzählen, vom Vater, der Mutter und den Brüdern. Die Großmutter konnte gar nicht genug hören. Immer wieder fragte sie auch nach Anjas Ausbildung auf der LBA, nach ihrer Vorliebe für bestimmte Fächer und freute sich, dass ihre Enkelin die Musik liebte und sogar Gesangsstunden bei ihrem Musiklehrer hatte.

"Ich habe zu Weihnachten von Vater eine Geige bekommen", berichtete das Mädchen, "und seitdem habe ich in der Schule Unterricht. Ich kann schon Kinderlieder und Volkslieder spielen."

"Dann bringe doch nächstes Mal die Geige mit. Ich werde dich dann auf dem Klavier begleiten." Das war eine wunderbare Idee, die Anja mit großer Freude aufnahm.

Erst gegen Abend verabschiedete sie sich schweren Herzens von der so lange entbehrten Großmutter, nicht ahnend, dass es der erste und auch der letzte Besuch gewesen war.

In den nächsten Stunden und Tagen gab es die schwersten Angriffe auf Hamburg, die die Stadt je erlebt hatte. Gewaltige Feuerstürme jagten durch die Straßen, Tausende kamen uns Leben, auch Anjas Großmutter.

Sie erfuhren nie, auf welche Weise das Schicksal zugeschlagen hatte, ob die Menschen in diesem Stadtteil durch Bomben oder Brand umgekommen waren.

Anja fand sich auf der Ortsgruppe ein und versorgte mit den Frauen der Frauenschaft, des Roten Kreuzes und vielen freiwilligen Helfern die verängstigten Menschen, die oft nur das gerettet hatten, was sie auf dem Leib hatten. Alle waren geschockt durch das, was sie erlebt hatte, suchten vermißte Angehörige oder beweinten Tote.

Man versorgte sie mit dem Notwendigsten und brachte sie dann auf Lastwagen aufs Land.

Durch Angriffe in den folgenden Tagen wurde die Versorgung der Ausgebombten sehr erschwert. Sie kamen zum Teil mit völlig überladenen Barkassen und Booten über die Elbe.

Doris sah ihre Tochter zwei Tage gar nicht. Als diese dann nach Hause kam, stellte sie ihre Kinder vor die vollendete Tatsache: "Ihr reist sofort ab nach Wien. Ich habe die Koffer schon gepackt."

In Anjas Tagebuch sind für diese Fahrt folgende

Eintragungen gemacht:

27.7.43 Mit den Brüdern nach Wien unter schwierigen Umständen abgefahren, um 23.00 Uhr in Berlin. Der Zug ab Hamburg war völlig überfüllt.
Die Fahrt durch die zerstörten Vororte Hamburgs war schrecklich, man sah nur Trümmer, Trümmer und noch einmal Trümmer.
Während wir abfuhren hatte es schon wieder Alarm gegeben und Mutti und der Onkel mußten ganz schnell in den Bunker laufen, während der Zug sofort abfuhr und den Bahnhof verließ. Glücklicherweise kam er ohne Schwierigkeiten aus der Stadt.

In Berlin gab es gleich nach Ankunft des Zuges wieder Alarm, und die Kinder wurden in einen Bunker gebracht und von Frauen der NSV betreut. Es gab schmale Luftschutzbetten zum schlafen und morgens vor der Weiterfahrt Brote und Getränke.

28.7.43 die Fahrt ging von Berlin über Brünn nach Wien. In Brünn wurden die Abteile abgeschlossen, niemand durfte und konnte den Zug verlassen. Abends um 23.38 waren wir in Wien und fuhren mit der letzten Straßenbahn nach Dornbach. Liebevolle Aufnahme durch die überraschten Pflegeeltern.

29.7.43 Heute bin ich 18 Jahre alt.

30.7.43 Erneute schwerer Terrorangriff auf Hamburg, große Verluste unter der Bevölkerung. Ich weiß jetzt, dass Vaters Mutter am 23.7. in Hammerbrook ums Leben gekommen ist.

2.8.43 Mutti wurde mit der Großmutter Fricke nach Selsingen evakuiert. Die Bevölkerung soll die Stadt weitgehend verlassen.

Doris blieb mit der Großmutter aber nur bis 19.8. dort. Sie wollte ihren Laden nicht so lange geschlossen lassen, denn die Versorgung der Bevölkerung war auch eine wichtige Aufgabe.

* * *

Die Zeit in Wien war für die Kinder wie ein Sommerurlaub. Die Pflegeeltern versuchten ihr Bestes, sie die schrecklichen Tage und Nächte vergessen zu lassen. Sie fuhren mit ihnen nach Dürnstein an die Donau, wo man herrlich baden konnte und besuchten Schloß Schönbrunn.
Die Geschwister machten eine Radtour auf den Kahlenberg, und einmal gingen sie sogar mit einem Bekannten auf den Rennplatz und sahen zum erstenmal ein Pferderennen. Sogar wetten durften sie, aber leider setzten sie auf das falsche Pferd. Der Krieg war hier so weit weg, als gäbe es ihn gar nicht.
Anja begann unten in der Kanzlei das Schreiben auf der

Maschine zu erlernen, und die Brüder gingen so oft wie möglich ins Neuwaldegger Schwimmbad.

Dann kam Anfang des Monats August die Nachricht, dass Doris wieder im Haus war und für die Kinder die Schule wieder beginnen sollte.

Ein paar Tage blieben ihnen noch für einen Besuch in der Oper und bei Zirkus Hagenbeck, der in der Stadt ein festes Quartier für den Winter bezogen hatte.

Dann begannen die Kriegsnachrichten sich wieder zu überstürzen. In Italien hatte Marschall Badoglio einen geheimen Waffenstillstand unterzeichnet und der Duce war entmachtet worden und wurde an einem geheimen Ort gefangengehalten. Aber in Hamburg war es zur Zeit ruhig. So fuhren die Kinder am 10. /11. August zurück. In Berlin mußten sie umsteigen. Der Zug war so überfüllt, dass sie nur mit Mühe noch auf dem Gang eine Ecke fanden, wo der kleine Erik auf dem Koffer sitzen konnte. Die beiden Großen standen bis Hamburg.

Wie froh waren sie, als sie im Haus alles wieder so vorfanden, wie sie es verlassen hatten. Anja schwor sich insgeheim, dass sie ihre Mutter nie wieder in dieser Stadt allein lassen würde.

Das Leben schien wieder in fast normalen Bahnen zu verlaufen, so wie es Anja in ihrem Tagebuch festhielt:

13.9.43 Zum ersten Mal wieder in der Felix-Dahn-Straße. Die Schulgebäude waren zwar beschädigt worden, aber für den Unterricht wieder hergerichtet.

23.9.43 Mit einigen Mädeln Soldatengräber gepflegt.

Es handelte sich um Gräber von Gefallenen aus dem 1. Weltkrieg, die auf dem Neuen Friedhof beigesetzt worden waren.

27.9.43 Heimabend über die "Kreuzritter" mit guter Beteiligung.

28. 11. 43 Schulpraktikum nach Harburg verlegt.
1. Tag gleich öffentliche Luftwarnung in der 3. Stunde.

Es gab eine sogenannte "Vorwarnung", wenn nicht zu erkennen war, auf welches Ziel die Flugzeuge es abgesehen hatten.

Die vier Wochen Praktikum verliefen relativ störungsfrei. Das Unterrichten machte Spaß und die Kinder der dritten Klasse waren lieb und fleißig bei der Sache. So konnte dieser Teil der Ausbildung gut abgeschlossen werden.
Kurz vor Weihnachten kam Erik aus Finnland auf Urlaub. Dieser Urlaub sollte für die Familie zu einer Zerreißprobe werden, mit der niemand gerechnet hatte, am allerwenigsten Doris. Aber es gab noch andere Sorgen. Die Großmutter Fricke litt seit einiger Zeit an einer krebsartigen Wucherung am rechten Unterschenkel.
Als gar keine Behandlung mehr anschlug und die offene Wunde immer größer und krebsartig wurde, mußte sie ins Krankenhaus, wo man das Bein amputierte. Völlig hilflos

kam sie nach einigen Wochen zurück. Man hatte ihr zwar eine Prothese gebaut, aber laufen konnte sie damit nicht viel, nur ein paar Schritte in der Wohnung gelangen ihr unter Aufbietung aller Kräfte.

Großvater hatte aber mehrere Nächte in der Woche in seiner Fabrik Brandwache. Um die Großmutter nicht ganz allein zu lassen, schlief Anja in den betreffenden Nächten dann bei ihr. Das war eine harte Zeit für das Mädchen.

Als dann die Alarme zunahmen, tagsüber und auch nachts, brachte man die Großmutter in ein Krankenhaus nach Bevensen.

Als Eriks Urlaub zu Ende ging, kam am letzten Tag ein Brief aus Helsinki für ihn an, von einer Frau. Doris, die sonst nie neugierig oder mißtrauisch gewesen war, tat etwas, was sie danach sehr bereute, sie öffnete den Brief.

Es war ein Liebesbrief eines jungen Mädchens, mit der Erik offensichtlich mehr als nur befreundet war. Er versuchte, die Angelegenheit herunterzuspielen, aber man merkte ihm an, dass er unruhig war und nicht die Wahrheit sagte.

Es flossen viele Tränen an diesem letzten Tag. Auch die Kinder merkten, dass es nicht nur Abschiedstränen waren.

Als Erik am nächsten Tag abfuhr, schien wieder alles einigermaßen harmonisch zu sein. Doris gab sich der Kinder wegen die größte Mühe, die Fassung zu bewahren.

Erik war gerade einen Tag fort, da kam noch einmal ein Brief für ihn. Dieses Mal war Anja gerade im Zimmer und Doris konnte ihr nicht mehr verheimlichen, was es mit diesem Brief auf sich hatte. Offensichtlich wußte die

Absenderin nicht, dass Eriks Urlaub schon zu Ende war, auch nicht, dass er zu Hause eine Familie hatte, denn sie schrieb ganz offen von einer gemeinsamen Zukunft mit Familie und Kind.

Es folgten Tage tiefer Depressionen für Doris. Anja versuchte alles, um ihrer Mutter glaubhaft zu versichern, dass doch sicher alles nur die Folge des großen Heimwehs sei, von dem der Vater immer geschrieben hatte.

"Er wird uns nicht im Stich lassen, es ist sicher nur eine vorübergehende Kriegsfolge. Nicht jeder kann eine so lange Trennung von seiner Familie verkrafte. Er liebt uns doch."

Das schrieb Erik auch in den folgenden Briefen immer wieder. Er schrieb fast jeden Tag und versuchte wieder gutzumachen, was er mit dem Seitensprung angerichtet hatte. Doris Vertrauen zu ihm war jedenfalls zerstört und mußte erst langsam wieder aufgebaut werden. Anja hörte in der Nacht oft das Weinen ihrer Mutter und schrieb ihrem Vater einen ernsten, anklagenden Brief. Er hat ihr nie darauf geantwortet, aber das hatte sie auch nicht erwartet.

Anjas Tätigkeit als Führerin einer Mädelgruppe war nicht immer so harmonisch, wie es den Anschein hatte.

Nach einem schweren Angriff auf ein Wohnviertel im Nach-barbezirk machte Anja mit einigen ihrer Mädel wieder einen sogenannten Katastropheneinsatz. Sie wurden mit Lastautos der Wehrmacht in die betroffenen Gebiete gefahren und halfen den Einwohnern, ihre letzte

Habe aus den Trümmern zu bergen. Es war nicht immer ganz ungefährlich, denn es lagen unter den Trümmern manchmal auch noch Blindgänger, oder die Mauerreste fielen plötzlich zusammen und man mußte sich mit einem schnellen Sprung in Sicherheit bringen.

Die Mädchen, die staubverkrustet und am Ende ihrer Kräfte abends nach Hause kamen, hatten kein Verständnis dafür, dass eines Tages eine der leitenden Führerinnen in tadellos weißer Bluse kam, um sich von der Arbeit ihrer Mädel zu überzeugen und gute Ratschläge zu geben.

Voller Zorn kam Anja an diesem Abend nach Haus, und noch zorniger war sie, als einige Tage später gerade diese, am Einsatz völlig Unbeteiligte für die Hilfe ihrer Mädchen eine Auszeichnung bekam.

In ihrem Tagebuch ist diese Zeit wie folgt festgehalten:

18.6.44   Bomben auf Hamburg und Wilhelmsburg. Sofort-Einsatz. Mutti ist nach Tostedt zu Erik.

Der Junge war mit seiner Klasse und dem Lehrer nach außerhalb evakuiert worden und lebte dort bei einer Bauernfamilie.

19. 6.44 Seit morgens Einsatz in Wilhelmsburg. Wir räumen Trümmer und bergen Möbel und andere Habseligkeiten.

20.6.44   der zweite Angriff auf diesen Ortsteil. Der Bunker ist getroffen.

Dieser Bunker wurde von allen Ausgebombten und den Menschen aus den umliegenden Häusern aufgesucht. Oben auf dem Dach war eine Flakstellung.

Als die Bombe den Bunker traf, wackelte er so, dass die Menschen, die keinen Sitzplatz hatten und sich in den Gängen drängten, übereinanderfielen. Das Schreien der Frauen und Kinder übertönte den Lautsprecher, mit dem man die Leute zur Ruhe ermahnte. Außer den Soldaten auf dem Bunker, unter denen es Verletzte gab, war aber niemandem etwas passiert."

21.6.44 Ein Münchner SA-Führer übernahm die Leitung unserer Einsatzgruppe.

23. /24.6.44 Obersturmführer St. schenkte uns ein Buch mit Widmung für den Einsatz. Er bekam das E.K.1, zwei Führerinnen vom Bann das K.V.K. (Kriegsverdienstkreuz), obgleich sie gar nicht am Einsatz beteiligt waren. Das ist unglaublich.

Damit war dieser Einsatz, der das Letzte von den Mädchen gefordert hatte, beendet. Zurück blieb eine erste zweifelnde Frage, ob die Vorgesetzten in der Jugendorganisation wirklich das lebten, was sie den jungen Menschen predigten.

* * *

Es folgten einige relativ ruhige Wochen. Die Schule

verlangte wieder ihr Recht und nebenbei gab es immer Arbeit im Geschäft. Doris versuchte, ihren Kummer zu verdrängen, kümmerte sich um den Großvater und arbeitete im Garten, um durch Anbau von Gemüse den täglichen Mittagstisch etwas abwechslungsreicher zu gestalten.

Die jungen Leute genossen das schöne Wetter und gingen an die Elbe zum Baden, sooft ihre Freizeit es ihnen erlaubte. Ein Klassenkameradin von Anja, die eine Jungmädelgruppe führte und mit den Mädchen einen Badeausflug an die Elbe machte, kam bei einer Rettungsaktion ums Leben. Ein 12-jähriges Mädchen war in eine starke Strömung geraten und drohte unterzugehen.

Ohne sich lange zu bedenken, sprang die gerade 18-Jährige nach und versuchte die Kleine zu retten. Die angehenden Lehrerinnen hatten in der LBA eine Rettungsschwimmerprüfung abgelegt, aber der starken Strömung waren die beiden nicht gewachsen. Beide Mädchen ertranken. Erst fünf Tage später wurden die Leichen gefunden. Am 30.7. wurden sie beerdigt, es war ein trauriger Tag für alle, die freundschaftlich mit ihnen verbunden waren.

Schon am nächsten Tag sollten alle Schülerinnen der LBA in ein Landschulpraktikum fahren. Sie taten es schweren Herzens. Zum ersten Mal hatte der Tod in ihrer Mitte zugeschlagen.

Anja kam nach Steimke, einem kleinen Dorf in der Nähe von Hannover, und sollte in einer zweiklassigen

Landschule die praktische Unterrichtsarbeit erlernen.

Vier Wochen waren vorgesehen, aber nach der halben Zeit mußte sie unterbrechen, weil sie eine so starke Angina bekam, dass sie nach Hause fuhr und sich dort mit hohem Fieber ins Bett legen mußte. Einen Tag, nachdem sie wieder etwas aufstehen durfte, ertrank wieder ein Mädchen aus ihrer Gruppe in der Elbe.
Man erzählte, dass die vielen Bombenkrater im Fluß diese Wirbel erzeugten und das Baden daher gefährlich wurde.

Die Lage an den Fronten wurde bedrohlich und Anja war froh, als nach weiteren zwei Wochen das Landschulpraktikum erfolgreich abgeschlossen war und sie wieder zu Haus bei der Mutter war. Als am 2.9 Finnland kapitulierte, waren sie in großer Sorge um Erik. Wo war er? Es dauerte lange, bis die erste Nachricht kam, dass sie sich auf dem Rückweg über Norwegen befanden.
In der LBA wurde ein Plan für eine erste Prüfung gemacht, die am 13.10. stattfinden sollte. Man beabsichtigte, die Lehramtsanwärterinnen in den Schulen als Schulhelferinnen einzusetzen.
Es wurden mehrere Arbeiten geschrieben und die mündliche Prüfung auf das Frühjahr verschoben.
Die schriftliche Prüfung war ohne Schwierigkeiten abgelegt worden, die Mädchen hatten diesen Teil ohne Ausnahme bestanden. Alle freuten sich auf ein paar ruhige Tage ohne die Fahrerei nach Hamburg. Dann kam der verhängnisvolle 25. Oktober.

Anja und Doris standen im Laden und hatten gerade den letzten Kunden bedient.

Der packte umständlich seine Brotmarken wieder in einen Umschlag, nahm das Brot und meinte mit einem Blick auf den grauen Himmel: "Heute werden sie wohl wieder kommen, die Wolken hängen so tief, da können sie ungesehen anfliegen." -

"Hoffentlich nicht", antwortete Doris, "ich würde gern einmal wieder ruhig schlafen." "Ich habe so ein Gefühl, als ob das die Ruhe vor dem Sturm ist", meinte der alte Herr.

"Wenn wir einige Tage nur Voralarm hatten und die Tommies nach Berlin flogen, dann ist bald wieder unsere Ölindustrie dran, schließlich sind wir die größte Ölstadt in Deutschland. Hamburg ist ja schon kaputt, also fehlen wir noch." -

"Ich hoffe, dass Sie Unrecht haben!" antwortete Doris und schloß die Tür hinter ihm ab, sorgfältig darauf bedacht, dass kein Lichtschein auf die Straße fiel. Sie prüfte noch einmal die Verdunklung der großen Ladenscheibe, denn sie hatten noch eine große Lebensmittelsendung auszupacken. Bei dem spärlichen Licht einer kleinen Lampe half Anja ihr, Marmelade, Nährmittel, Zucker und Tee in die Borte zu packen.

Abends, zum Abendessen, gab es wie üblich Bratkartoffeln und selbsteingelegte saure Gurken. Im Zimmer war es leidlich warm, sie hatten mit den leeren Kartons den großen Kachelofen des Wohn-Schlafzimmers eingeheizt. Der Tisch war bedeckt mit Papierbögen und sortierten Lebensmittelmarken. In der Mitte stand ein Topf mit

Mehlkleister. Damit klebten sie die am Tage eingenommenen Lebensmittelmarken auf die großen Bögen zur
Abrechnung mit dem Wirtschaftsamt.

Bis sie ihre Arbeit fertig hatten und ins Bett gingen,
berührten sie mit keinem Wort den Fliegeralarm, der sie in
letzter Zeit Nacht für Nacht aus dem Bett gejagt hatte und
glücklicherweise ohne direkten Angriff vorbeigegangen
war. Aber die gepackten Koffer standen immer griffbereit
im Flur.

Die Kleider hängten sie so über den Stuhl, dass sie sie im
Dunkeln greifen konnten, denn trotz der verdunkelten
Fenster war es besser, bei Alarm kein Licht zu machen.

Als sie sich hinlegten, hörten sie, wie draußen jemand laut
rief: "Licht aus!" -

"Ach herrje, da ist der Luftschutzwart schon wieder
unterwegs und ärgert die Leute", sagte Doris, die heute
besonders müde und abgespannt aussah.

"Uns kann er nicht meinen", antwortete Anja, "unser Licht
ist schon aus. Versuchen wir, etwas zu schlafen bis die
Sirene heult."

"Sag nicht so etwas, ich bin so müde, dass ich sicher heute
nicht einmal die Sirene hören werde." Es war schon mehrmals vorgekommen, dass sie erst wach wurden, wenn die
kleine Flak dicht über die Dächer hinweg schoß.

Es war nicht nur die Müdigkeit, sondern auch oft auch
Gleichgültigkeit, die sie den Alarm überhören ließ.
Manchmal gab es auch nur den sogenannten "Voralarm",
der sie überhaupt nicht aufscheuchen konnte.

Sie ahnten nicht, dass es das letzte Mal war, dass sie in

ihrem eigenen Bett schlafen konnten.

Wann der heulende Sirenenton sie aus dem Schlaf riß, war ihnen nicht bewußt. Schlaftrunken zogen sie sich an und waren trotz allem dieses Mal schneller mit Anziehen fertig als sonst. Ausnahmsweise begaben sie sich sofort in den Keller.

Der Luftschutzkeller war ein großer Raum, der mit dicken Balken abgestützt war. Er hatte zwei kleine Fenster, die von außen mit einer einen halben Meter hohen Mauer abgeschirmt und mit Sandsäcken davor bedeckt war. Zur Lüftung wurden Sandsäcke entfernt und bei Alarm wieder davorgelegt. Von innen bedeckten von dicken Querbalken gehaltene, mit Metall beschlagene Platten die Fensteröffnungen.

An den Wänden standen vier zweistöckige Luftschutzbetten, die hauptsächlich für Kinder, alte Leute und Kranke bestimmt waren.

Im Haus wohnten noch 18 Personen, die meisten waren Frauen, drei ältere Männer und ein Kind. Die anderen Kinder waren mit ihren Lehrern in der Kinderlandverschickung, z.T. in Bayern und Österreich, wo keine Luftangriffe zu befürchten waren.

Nachdem sich alle Hausbewohner mehr oder weniger müde ihren angestammten Platz gesucht hatten, lauschten alle angestrengt auf die Geräusche, die von draußen zu hören waren.

Anfangs war alles noch ganz ruhig. Der Hauswart meinte: "Vielleicht sind sie ja doch weiter geflogen."

Aber kaum hatte er es ausgesprochen, da begann der

Boden zu wackeln und zu bebend. Die Platte des einen
Fensters sauste mitten in den Raum, Sand rieselte durch
das zerborstene Fenster.
Glücklicherweise hatten sich instinktiv alle an die Wände
gedrückt, so dass die Platte niemanden verletzte. Es mußte
eine Bombe direkt vor das Haus gefallen sein, die die
Sandsäcke und die Mauer vor dem Fenster zerfetzt hatte.
Mit Hilfe des Luftschutzwartes hob Anja die Platte auf und
sie hielten sie vor das Fenster, damit die anderen nicht sehen konnten, was draußen vor sich ging und auch keine
Splitter durch die Fensteröffnung fliegen konnten.
Plötzlich rief der eine Nachbar: " Wir müssen hier raus,
das Haus brennt!"
Aber noch gab es keine Möglichkeit, den Keller zu
verlassen, denn feindliche Bomber flogen im Tiefflug über
die Straßen hinweg und man hörte ihre Maschinengewehre
knattern. Die drei Männer gingen mit den Feuerlöschern
ins Haus.
Vielleicht war es ja möglich, das Feuer zu löschen. Aber es
brannten bereits die beiden oberen Stockwerke. Die Sache
war aussichtslos.
Jetzt wurde es auch draußen ruhiger. Da die Rauchent-
wicklung immer schlimmer wurde, tauchten sie Tücher in
die Löschwassereimer, banden sie sich vor Mund und Nase
und verließen einer nach dem anderen mit ihrem Luft-
schutzgepäck das brennende Haus.
Doris' Laden stand in hellen Flammen, Zucker und
Marmelade, Mehl und Brot waren gute Nahrung für das
Feuer. Anja griff sich im Schlafzimmer schnell noch den

Wecker, an dem ihre Mutter besonders hing, denn es war ein Hochzeitsgeschenk ihres Großvaters. Dann liefen sie durch die brennende Straße bis zum nächsten Sammelplatz. Glücklicherweise gab es ganz in der Nähe einen großen freien Platz, wo im Sommer immer der Jahrmarkt stattfand. Hier fanden sich alle Menschen ein, die aus den brennenden Häusern herausgekommen waren.

Das Glück hatten nicht alle gehabt, das erfuhren sie am nächsten Tag. Ein Freund aus den Kindertagen, den Anja gerade noch am Tag vorher gesprochen hatte, war im Haus seiner Eltern jämmerlich verbrannt. Er war gerade für ein paar Tage auf Urlaub gekommen vom Arbeitsdienst und hatte hier den Tod gefunden. Im Haus gegenüber war der Pastor ums Leben gekommen, der Anja konfirmiert hatte.

Anja und Doris konnten zunächst einmal beim Großvater Fricke unterkommen. Am frühen Morgen gingen sie zu den Ruinen ihres Hauses. Inzwischen hatte die Feuerwehr das Feuer gelöscht. Einer der Männer drückte Anja einen Schlauch in die Hand und sagte: "Wenn du den Keller noch ein bißchen auskühlst, könnt ihr vielleicht noch einiges herausholen, denn soweit ist das Feuer nicht vorgedrungen."

Tatsächlich, über eine halb verkohlte Kellertreppe konnten sie in den Vorratskeller, der zu dem Geschäft gehörte. Die dort auf einem Block Roheis liegende Butter war zerschmolzen und das Eis verdampft, aber auf den Borden standen noch die Einmachgläser mit verschiedenem Gemüse, das Doris jedes Jahr einkochte, auch Kirschen- und Pflaumengläser waren noch vorhanden, durch die

Hitze ein zweites Mal sterilisiert.

In einer Ecke des Bordes stand ein großer Glashafen mit Eiern, die zum Haltbarmachen in Wasserglas eingelegt waren. Sie waren alle hart gekocht und man konnte sie an den nächsten Tagen noch essen. In den Trümmern des Hauses war nichts Brauchbares mehr zu finden, es war alles verbrannt.

Die Ausgebombten konnten auf dem Postamt ein Telegramm an Angehörige an der Front aufgeben und ihnen mitteilen, wo sie sich jetzt befanden.

Anja gelang es, sich zum Teil zu Fuß und als Anhalter nach Hamburg zur Schulbehörde durchzuschlagen. Der Oberschulrat, dem sie berichtete, was vorgefallen war, hatte einen Lösungsvorschlag.

In Gudow, im Landkreis Lauenburg, benötigte ein Schulleiter Hilfe, weil er in seiner zweiklassigen Landschule sehr viele Kinder aus Hamburg betreuen mußte und die zweite Lehrkraft, eine alte Dame, aus gesundheitlichen Gründen in Pension gehen mußte.

So war Doris in der Lage, in dem Telegramm an Erik ihren neuen Wohnort anzugeben. Sie hoffte, dass es ihn erreichen würde, denn eine neue Feldpostnummer hatte er noch nicht bekommen, seitdem er aus Helsinki weg mußte.

Am 30. 10. gab es noch wieder einen schweren Angriff.

Anja hielt sich zu der Zeit im Haus des Urgroßvaters auf, wo man im Garten einen tiefen Stollen gebaut hatte, denn das alte Haus hatte keine brauchbaren Kellerräume. Die Seiten des Stollens waren mit dicken Balken und Brettern versteift und mit Bohlen abgedeckt, auf die noch eine dicke Lage Sand aufgebracht war. Anja hatte das Gefühl, hier in einem Grab zu hocken und zum ersten Mal fürchtete sie sich, als draußen geschossen wurde und in der Nähe Bomben explodierten.

Zum Glück schien alles gut zu gehen, aber als sie nach der Entwarnung den Stollen verlassen wollten, erblickten sie keine zehn Meter von ihnen entfernt eine dicke Bombe, die sich halb in das Blumenbeet gewühlt hatte.

Was sollten sie tun? Konnten sie den Stollen gefahrlos verlassen? War es vielleicht eine Bombe mit Zeitzünder? Anja und die Tante wagten es und krochen, rutschten auf dem Bauch liegend an dem unheimlichen Metallkörper vorbei. Es geschah nichts. Einige Stunde später wurde diese Bombe, eine Luftmine, von Soldaten entschärft. Es war glücklicherweise ein Blindgänger gewesen.

Am 31.10. 44 trafen Mutter und Tochter in Gudow ein, nachdem sie die Großmutter Fricke noch in Bevensen in ein Heim gebracht hatten. Sie meldeten sich bei Anjas neuem Chef. Der Leiter der Schule, Herr B. freute sich sehr, dass sein Wunsch nach Hilfe so schnell in Erfüllung ging. Doris und Anja wurden im Schloß am See untergebracht, wo unten im Souterrain schon eine Hamburger Familie wohnte.

Die Schule, in der Anja nun zum ersten Mal allein mit Kindern arbeiten sollte, bestand aus nur zwei Klassen, einer Grundschulklasse (1. -4. Schuljahr) und einer Oberstufenklasse (5. -8. Schuljahr).

Während Doris alle notwendigen Wege zum

Bürgermeister- und Wirtschaftsamt erledigte, mußte Anja schon gleich am nächsten Tag ihrer Vorgängerin assistieren und die Grundschulklasse danach sofort übernehmen. In der Oberstufe sollte sie Erdkunde unterrichten. Die Jungen waren zum Teil größer als sie, aber sehr diszipliniert und fleißig.

Der Schulleiter stellte seiner jungen Kollegin Bücher zur Vorbereitung zur Verfügung, denn sie besaß ja nichts mehr. Es gab aber auch eine gute Bibliothek in der Schule, so dass die Vorbereitungen auf den Unterricht keine Schwierigkeiten machten.

Schon eine Woche später mußte die neue Schulhelferin nach Schwarzenbek zur Schulung. Es gab kein Luftholen, keine Zeit zum Nachdenken. Dafür gab es aber bald das erste Gehalt, 218,90 RM brachte der Postbote, nur kaufen konnte man dafür nicht viel. Anja brachte 200 RM auf die Sparkasse.

Doris holte den kleinen Erik nach G. Er konnte jetzt ebenso gut bei ihnen leben, denn bisher war es hier ruhig. Eines Tages stand dann auch Heiner vor der Tür. Beide Jungen wurden als Gastschüler in der Volksschule aufgenommen, obwohl Heiner inzwischen die 3. Klasse der Mittelschule besuchte.

Kaum waren die Jungen eine Woche in G., gab es dort den ersten Alarm. Die Flugzeuge flogen jedoch nach Berlin. Bei den Dorfbewohnern herrschte aber große Aufregung. Ein Brief kam noch aus Wien, auch dort gab es jetzt Fliegeralarm.

Tagtäglich überflogen in großer Höhe englische und

amerikanischen Flugzeuge das Lauenburger Land.

Im Tagebuch standen nur kurze Bemerkungen

6.12. 44 Lazaretteinsatz der BDM-Mädel in Seedorf.

Es waren mehrere Lazarettzüge eingetroffen. Die Schule und das Gemeindehaus wurde als provisorisches Lazarett eingerichtet. Die Mädchen halfen Betten aufstellen und Bettzeug vorzubereiten. Später lasen sie den Verwundeten auf Wunsch auch etwas vor.

14.12.44 Den ganzen Tag Zeugnisse geschrieben und Unterricht vorbereitet

27.12.44 Vater auf Urlaub.
Erik hatte einen Sonderurlaub bekommen. Woher er kam, sagte er nicht. Auf jeden Fall war er glücklich aus Finnland zurück. Die Gutsherrin spendierte einen Fasan zum Jahreswechsel. Das war ein köstliches, unbezahlbares Geschenk.
30.12.44 Zum Jahreswechsel sprach Dr. Goebbels. Seine Auskünfte waren nicht sehr erfreulich. Er sprach über 1944 als „ein Jahr voller Verhängnisse".

Erik fand es reichlich untertrieben. Er meinte, es sei ein Jahr der Katastrophen gewesen und es würde auch so weitergehen. Aber er sagte es nur zu seiner Familie.

Gleich Anfang des Jahres mußte Erik wieder zurück zu seiner Dienststelle. Einen Monat lang erhielt Anja Unterstützung durch eine Klassenkameradin aus Hamburg. Beide arbeiteten fleißig in der Schule, aber für die Arbeit, die Ende Februar abgegeben werden sollte, hatte Anja noch keinen Buchstaben geschrieben.

Dann wurde es Ende Januar sehr, sehr kalt. Der See fror zu und nachts krachte es unheimlich, wenn die Eisdecke sich bewegte. Es gab Kohlenferien. Schon in den Tagen vorher hatten Kinder Holz geliefert, damit der kleine Kanonenofen in der Klasse beheizt werden konnte, aber jetzt war es zu kalt, fast 20 Grad unter Null.

Im Dorf trafen die ersten Flüchtlingstrecks aus dem Osten ein. Die Scheunen der Bauern und der Saal des Gastwirtes wurden belegt. Bei dieser Kälte war es schwierig, alle Menschen einigermaßen warm unterzubringen.

Am 30.1.45 hörten die Leute bei ihren Gastgebern die kurze Ansprache des Führers. Er sprach tatsächlich noch von seinem Glauben an den Sieg. Ob die Flüchtlinge diesen Glauben teilten, konnte man nicht erfahren, denn sie sprachen nicht darüber. Ihre Gedanken kreisten um ihre Heimat, in die jetzt die Russen vorrückten.

Kaum einer sprach über das Erlebte. Ihre Gesichter waren unbewegt und in ihren Augen spiegelte sich das Grauen der vergangenen Wochen.

Tieffliegerangriffe, Kälte und Hunger hatten ihre Gesichter geprägt. Sie waren dankbar für jedes freundliche Wort und die kleinste Hilfe.

In einem Nachbardorf gab es Anfang Februar einen sogenannten Erfassungsappell der H.J. Man forderte die Jungen auf, sich freiwillig zur Wehrmacht zu melden. Heiner meldete sich zur Marine und wurde in ein Wehrertüchtigungslager bei Mölln eingezogen, er war noch keine 16 Jahre alt. Doris war damit überhaupt nicht einverstanden, aber es nützte nichts, der Junge wollte (oder mußte?) es so.

Immer mehr Flüchtlinge trafen im Dorf ein. Alle Scheunen waren bereits besetzt.

Die Menschen hatten unglaubliche Strapazen hinter sich und das, was sie über ihre Flucht berichteten, erfüllte alle Zuhörer mit Entsetzen. Die Hilfsbereitschaft war groß, alle waren bemüht, den Flüchtlingen das Gefühl der Zusammengehörigkeit zu vermitteln. Bei den abendlichen Zusammenkünften der dörflichen Mädelgruppe wurden Puppen gebastelt für die Flüchtlingskinder, im Kindergarten wurden die Kleinsten betreut.

Am 9. Februar erhielt Anja noch eine Einberufung in die Gebietsführerinnenschule in Schleswig. Es war ihr nicht ganz klar, was man zu dieser Zeit dort mit ihnen vorhatte. Vom 13. 2 bis 18. 2. 45 wurden noch sechzehn junge Mädel in dieser Schule mit mehr oder weniger nutzlosen Parolen „geschult". Sie betrachteten diesen Aufenthalt nur als eine erholsame Zeit in einer schönen Stadt und verbrachten manche Stunde im Schloß und an der See.

Anja hatte inzwischen eine zweite Arbeit für die Abschlußprüfung geschrieben und am 28. 2. traf sie beim Großvater ein, um in den nächsten Tage den mündlichen

Teil der Lehramtsprüfung abzulegen. Es gab an diesem Tag gleich zweimal Fliegeralarm.
Das Tagebuch zeigt wieder nur kurze Eintragungen:

3.3. Den ganzen Vormittag und auch nachts x-mal Alarm.

An ruhigen Schlaf war nicht zu denken. Man nutzte die Zeit, um sich auf die Prüfung vorzubereiten.

5.3. Eine kalte Morgenfeier in der ungeheizten Schule (Haydn), Angriff auf Harburg. Mit dem Zug bis Wilhelmsburg, dann zu Fuß weiter nach Haus.
Die Ebano und Rhenania brennen. Bomben fielen am Pferdeweg und am Hastedt-Platz.

Zu dem fehlenden Schlaf kam jetzt auch noch die körperliche Beanspruchung

Der Schulbetrieb gefiel den Mädchen gar nicht. Der Unterricht wurde durch dauernde Alarme unterbrochen.
Es folgten wieder Angriffe auf Harburg, die Anja zum Teil im Keller des Amtsgerichtes überstand. Frauen und Kinder krochen mehrfach unter die Bänke, als gäbe es dort mehr Schutz. Gegenüber fielen die Bomben auf den Bahnhof Unterelbe. Das an sich stabile Gebäude wackelte und die Menschen schrieen vor Schreck. Großvaters Wohnung war wieder stark beschädigt.
   Am nächsten Tag gingen Anja und ihre Freundin zu Fuß bis Wilhelmsburg und versuchten von dort mit einem der

unregelmäßig fahrenden Vorortszüge in die Schule zu gelangen.

Aus dem Tagebuch:

11.3. Schwerer Terrorangriff auf Harburg, Wilhelmsburg, Veddel und Hamburg. Große Schäden im Hafen.

12.3. Wir hingen draußen am Zug an einer Leiter als wir nach Hamburg fuhren. In der Schule gab es eine Diskussion, ob wir weitermachen sollten.

Auch die Lehrer waren verunsichert, aber aufgeben wollte eigentlich niemand.

15.3. Ein Alarm nach dem anderen.

16.3. Der Schulrat möchte, dass ich nach Gudow zurückgehe, wenn die Prüfung vorbei ist.

Am 24.3 wurde die Prüfung angesetzt. Die angehenden Lehramtsanwärterinnen bereiteten sich im Luftschutzkeller auf diese mündliche Prüfung vor.

24.3. Prüfung in Unterrichtslehre, Biologie und Grundschulmethodik, anschließend Alarm.

26.3. Prüfung in Erziehungslehre. Dieses Mal ohne Alarm. Die Anglo-Amerikaner stehen bei Hanau und

Aschaffenburg am Main.

Auf einer Abschlußfeier wurden die Zeugnisse ausgegeben. Der sehr beliebte Prof. Holm hielt eine Ansprache und wünschte allen viel Freude im Beruf. Keines der Mädchen wußte recht, wie alles weitergehen sollte.

Anja kehrte noch am selben Tag nach Gudow zurück. Die Bahnfahrt endete in Büchen. Der tägliche Bus war leider schon weg. Was nun? Ein Pferdefuhrwerk stand vor dem Bahnhof. Ein junger Bursche sprang ab und nahm ihren Koffer.

Es war Helmut, ein Schüler aus der Oberstufenklasse, der inzwischen aus der Schule entlassen worden war. Er arbeitete jetzt auf dem väterlichen Hof, den er bereits seit zwei Jahren mit Hilfe seiner Mutter und eines polnischen Landarbeiters recht und schlecht versorgt hatte.

Helmut konnte gut mit Pferden umgehen. Auf der Heimfahrt bestaunte Anja seine Kenntnisse über Landwirtschaft und Viehzucht. „Ich will auf jeden Fall den Hof später übernehmen", sagte er, „ich hoffe, dass mein Vater bald zurückkehrt, ich muß noch viel von ihm lernen. Wir haben leider schon sechs Wochen nichts mehr von ihm gehört."

Anja kannte den sonst so schweigsamen Jungen kaum wieder. Er war in den paar Wochen erwachsen geworden. War das noch derselbe Junge, der vor noch gar nicht langer Zeit die junge Lehrerin durch sein Schweigen fast zur Verzweiflung gebracht hatte?

Sie hatten im Erdkundeunterricht über Japan gesprochen. Die Kinder waren sehr interessiert an diesem Land gewesen. Sie waren mit Bildern und Büchern zu ihr gekommen, die diesen Kulturkreis betrafen. Anja war in ihrer Rolle als Lehrerin zunehmend sicherer geworden und ging gern in diese Klasse. Nur an Helmut, den Schweiger, kam sie nicht recht heran. Er hatte seine Aufgaben immer gewissenhaft und sauber gemacht, sonst aber hatte sie nichts von ihm zu hören bekommen.

Und dann kam der Tag, an dem sie es gewagt hatte, ihn aufzufordern: „Helmut, sag uns doch bitte, was ist ein Taifun!" Der Junge war umständlich aufgestanden, stand und schwieg. Die Mädchen hatten kicherten, wie konnte es anders sein.

Helmut schwieg.

„Sag es schon, Helmut, du weißt es sicher!"

Schweigen.

„Wenn du es nicht sagen magst, dann schreib es bitte für mich auf."

Helmut hatte sich mit unbewegtem Gesichtsausdruck wieder gesetzt und am nächsten Tag einen Bogen Papier abgegeben, auf dem in sauberer Schrift stand: „Der Taifun ist ein Wirbelsturm." Er hatte es fünfmal aufgeschrieben.

„Gut", hatte Anja gesagt, „das ist richtig. Und nun sollte es sich zeigen, dass sie noch eine Anfängerin war. Sie hätte zufrieden sein sollen, forderte aber statt dessen: „Bitte sag jetzt auch der Klasse, was ein Taifun ist." - Keine Antwort.

„Wenn du es wieder vergessen hast, dann reichen fünfmal wohl nicht aus, dann mußt du es doppelt so oft schreiben."

Er hatte es dann nicht nur zehnmal, sondern fünfzigmal geschrieben, ganz freiwillig, aber gesagt hatte er wieder nichts.

Anja war noch nie so ratlos gewesen. Sie fragte den älteren Kollegen und Schulleiter. „Was soll ich tun?"

„Der ist stur wie ein Panzer", hatte dieser geantwortet, „er würde es tausendmal schreiben, aber wenn er nicht reden will, redet er nicht."

Anja tat damals, als hätte sie den Wirbelsturm vergessen und hatte nicht wieder danach gefragt und auch diesbezügliche Anspielungen der Mitschüler überhört.

Nun saß sie neben ihm auf dem Wagen und alles stand ihr wieder lebhaft vor Augen. Woher wußte er, wann sie zurückkommen würde?

Vor dem Schloß stieg der Junge ab und setzte das Gepäck auf den Boden.

Dabei spielte ein schalkhaftes Lächeln um seinen Mund.

Er sprang wieder auf, faßte die Zügel wie ein römischer Wagenlenker, schwang die Peitsche, knallte laut und rief: „Der Taifun ist ein Wirbelsturm!!" und fuhr davon - ein Wirbelsturm.

Anja hat nie erfahren, woher er von ihrer Ankunft erfahren hatte.

Kurze Zeit später ging es der Großmutter Fricke sehr schlecht, so dass Doris und Anja sich auf den Weg nach Bevensen machten. Sie machten zuerst in Harburg Station, um nach dem Großvater zu sehen.

Die Fahrt nach Bevensen verlief glatt. Der Arzt sagte

ihnen, dass die Großmutter nur noch wenige Tage zu leben hatte. Sie erkannte niemanden mehr und schweren Herzens machten die beiden sich wieder auf den Rückweg. Die Rückfahrt gestaltete sich dann aber dramatisch. Ein Zug stand bereit. Er war noch nicht abgefahren, weil ein Bombergeschwader von einem Angriff auf Hamburg zurückgeflogen war und den Stadtrand von Bevensen berührt hatte.

Jetzt wurden die Reisenden aufgefordert, einzusteigen. Es wurde langsam dunkel, aber der Zug fuhr immer noch nicht ab.

Der Schaffner erklärte den Reisenden, dass jetzt starke Bomberverbände aus Richtung Berlin zurückflögen. Er hatte es im Drahtfunk gehört.

Plötzlich hörte man ein einzelnes Flugzeug heranbrummen, dann einen Schrei: "Raus, schnell raus! Tiefflieger!" Alle sprangen und liefen über den Bahnsteig. Wohin? Anja zog Doris hinter sich her, wollte sie in einen Splittergraben ziehen, aber die Mutter kroch unter einen der Eisenbahnwaggons, die auf dem Nebengleis standen. Offensichtlich fühlte sie sich dort sicherer als im offenen Graben.

Tack-tack-tack - das feindliche Flugzeug beschoß den stehenden Personenzug. Es kehrte wieder um.

Tack-tack-tack - noch einmal fegte eine Geschoßgarbe über den Zug, dann flog das Flugzeug unbehelligt weiter. Anja und Doris kamen vorsichtig unter dem Wagen hervor. Der Lokführer sah sie und erschrak.

„Um Gotteswillen", sagte er," ihr habt unter einem

Munitionszug für die Flak gesessen, der noch heute nach Hamburg abgehen soll. Habt ihr ein Glück gehabt, dass der Zug nicht getroffen wurde. Der Flieger wollte offensichtlich nur den Reisenden das Fürchten beibringen."

Jetzt zitterten ihnen doch die Knie und kreidebleich stiegen sie wieder in den Zug, dessen Lok glücklicherweise heil geblieben war. Nur die Wagen hatten einige zersplitterte Fensterscheiben und Löcher im Dach. Nach einer kurzen Kontrolle durch das Bahnpersonal durfte der Zug abfahren und traf gegen drei Uhr nachts in Büchen ein. Ein dunkler Bahnhof empfing sie. Auf dem Bahnsteig brannte nur eine kleine dunkle Notbeleuchtung.

Sie konnten nicht weiter. Vielleicht hatten sie am nächsten Morgen Glück und ein Pferdefuhrwerk würde sie mitnehmen. Die Bauern aus der Umgebung brachten ihre Kartoffeln und Rüben immer hierher zur Sammelstelle.

Es gab einen Wartesaal mit ein paar hölzernen Bänken. Der Bahnbeamte öffnete ihnen die Tür und bat darum, vorsichtig einzeln hineinzugehen.

Sie mußten unter einem dunklen Vorhang hindurch, mußten sich ganz klein machen, damit nicht so viel Licht nach draußen fiel. Es konnten immer noch einzelne Flugzeuge auftauchen, die von Berlin zurückkamen und dann von dem Lichtschein angelockt würden.

Im Wartesaal saßen schon eine Menge Leute. Die Luft war stickig, es roch nach Schweiß und Feuchtigkeit, denn eine Frau hatte die regennassen Jacken ihrer Kinder an den elektrischen Heizkörper gehängt, den der Stationsvorsteher freundlicherweise in den sonst unbeheizbaren Raum gestellt hatte. Aber die anwesenden Menschen heizten den Raum auch ganz schön auf, da weder Tür noch die Fenster geöffnet werden durften. Die Leute saßen dicht gedrängt auf den Bänken, die rundherum an den Wänden aufgestellt waren.

Da waren Flüchtlinge aus Berlin und Hamburg, Soldaten, die zu ihrem Truppenteil zurück mußten, einige Fremdarbeiter, die offensichtlich vom Urlaub kamen und zu ihren Bauern zurückkehrten.

Es waren Arbeiterinnen und Arbeiter aus Polen. Jetzt rückten alle ein wenig zusammen, damit Doris sich setzen konnte.

Auf dem Boden lagen in Decken gewickelt einige Kinder. Sie schliefen vor Erschöpfung so fest, dass sie den harten Boden gar nicht zu spüren schienen. Anja setze sich zu ihnen. Keiner sprach ein Wort, jeder döste vor sich hin. Nach einiger Zeit legte Anja sich auch auf den Boden. Der Schmutz störte sie nicht mehr, ihre Tasche war ihr Kopfkissen. Im Halbschlaf hörte sie einen Zug vorbeifahren. Er hielt nicht. Vielleicht war es ein Güterzug oder Truppentransporter, dachte sie noch, dann schlief sie fest und traumlos.

Am Morgen war es sehr kalt. Die Glieder waren steif geworden. Wie Marionetten stapften die Menschen umher, um wieder etwas warm zu werden. Sie halfen sich gegenseitig, die wenigen Habseligkeiten wieder einzusammeln, wie eine große Familie. Diese eine Nacht hatte fremde Menschen einander nahe gebracht, die nun füreinander Sorge trugen.

Ein Soldat tröstete ein weinendes Kind und kramte aus seinem Brotbeutel ein Stückchen Schokolade. Eine Frau, die nur gebrochen deutsch sprach, half einer alten Frau, den Rucksack mit der letzten geretteten Habe auf den Rücken zu schnallen, und der Bahnbeamte brachte die angewärmte Flasche für einen Säugling.

Doris und Anja fanden leider an diesem Morgen keinen Wagen, der in ihre Richtung fuhr.

Sie machten sich mit ihrem kleinen Gepäck auf den Weg, 3 - 4 Stunden Fußmarsch standen ihnen bevor, aber das schreckte sie nicht, nur weg von dem Bahnhof, der nur eine unsichere Bleibe war.

Am 2.4. 1945 starb die Großmutter Fricke. Wieder machten sich die beiden Frauen auf den Weg nach Bevensen zur Beerdigung. Die folgende Nacht verbrachten sie auf dem Ratzeburger Bahnhof.

Tagebuchaufzeichnungen aus den letzten Tagen des Krieges:

8.4   Die ersten Bombenopfer aus dem Nachbardorf werden beerdigt. Die Schule wird beschlagnahmt durch die Organisation Todt. Die Sowjets sind in Wien.

Der Unterricht mußte ausfallen. Die Kinder waren trotz allem sicher froh darüber.

9.4. Wir haben die ganze Schule ausgeräumt. Nachmittags

Kartoffeln gepflanzt.

Ein Stückchen Land hatte die Gutsherrin zur Verfügung gestellt. Sie lieferte auch die Pflanzkartoffeln.

11.4. Hannover gefallen

13. 4. Roosevelt gestorben. Tag und Nacht Flugzeuge über uns.

Jetzt hofften alle, dass der Krieg ein Ende fand, ehe die Russen in das Dorf einziehen würden.

14.4. Bei Wittenberge gingen die Alliierten über die Elbe auf das Ostufer.
17.4. Tieffliegerangriff auf Bauern und Flüchtlingstrecks.

Die bereits bei Bauern untergebrachten Flüchtlinge erzählten ähnliche Vorkommnisse. Man nahm nach wie vor keine Rücksicht auf Frauen und Kinder.
Bauern auf dem Felde wurden ebenfalls angegriffen.

20. 4. Eine kleine Feier zum Geburtstag des Führers am Kriegerehrenmal. Es sind Offiziere und Soldaten dabei. 1500 gefangene Engländer werden durch unseren Ort geführt und lagern am Ortsrand in den Wiesen.

Jetzt überstürzten sich die Ereignisse. Am 27. 4. dankte Hermann Göring ab. Es hieß jetzt, Adolf Hitler verteidigt

Berlin. Aber schon am 1.5. kam die Nachricht von seinem Tod. Am Tag darauf fuhren die ersten Panzer der Amerikaner durch das Dorf, es folgten Tage später die Engländer. Am 3.5. verkündete Großadmiral Dönitz den Waffenstillstand. Alle atmeten auf. Das Schloß mußte für die Engländer geräumt werden, Anja und Doris kamen bei einer Lehrersfrau aus Hamburg in der Schule unter. Ein englischer Oberleutnant zog mit seinen Soldaten in die Klassenräume ein. Die Tommies selbst waren nett zu den Kindern, die immer wieder sehen wollten, wer denn da in ihrer Schule wohnte. Manchmal fiel auch ein Stückchen Schokolade für sie ab. Das durfte aber kein Vorgesetzter sehen. Der Oberleutnant, mit blitzblanken Reitstiefeln, wurde gefürchtet. Wenn er mit seiner Reitpeitsche knallend durchs Dorf ging, liefen die Kinder fort und die Erwachsenen mußten den Bürgersteig für ihn räumen, denn „They are Germans, they have no rights!" war seine Devise.

Dann begann eine Verhaftungswelle. Zuerst wurde der Schulleiter weggeholt, weil er Ortsgruppenleiter der NSDAP gewesen war, dann ein Schwerkriegsbeschädigter mit seinem Sohn Edgar. Niemand konnte sich erklären, warum gerade diese beiden verhaftet wurden. Edgar war gerade 16 Jahre alt. Man ließ den Vater aber wieder frei und gab ihm nur ein Ausgangsverbot. Tage später kam auch der Junge wieder, ebenfalls Ausgangsverbot.

Anja wurde eines Morgens von zwei bewaffneten Soldaten ins Schloß geholt. Entsetzt standen die Dorfbewohner an der Straße. Wurden jetzt auch schon Frauen verhaftet? Im

Schloß wartete der Oberleutnant auf sie.

Er hatte einen Filmapparat vor sich stehen, den er aus der Schule beschlagnahmt hatte. Da er nicht damit umgehen konnte, hatte er kurz entschlossen befohlen, die Lehrerin zu holen.

„What`s that?" fragte er. Anja erklärte ihm, dass ein solcher Apparat zum Inventar jeder Schule gehörte, dass man sich Filme für den Unterricht ausleihen und den Kindern vorführen konnte. Er staunte. Offenbar gab es das in England nicht. Nun mußte sie ihm vorführen, wie der Apparat funktionierte.

Es war nur ein Film vorhanden, ausgerechnet ein politischer, eine Dokumentation des Reichsjugendtages in Potsdam. Der Offizier sagte mit Recht, dass sei ein komischer Lehrfilm, steckte ihn dann aber ein, ließ den Filmvorführapparat einpacken und alles in sein Auto schaffen. Als Kriegsbeute, dachte Anja. Der Engländer bedankte sich sogar bei ihr und dann konnte sie wieder gehen.

Heiner, der bei Mölln in einem Ausbildunglager des Volkssturms war, wurde von den Tommies nach Hause geschickt. Doris war glücklich, dass sie ihren Jungen zurückhatte. Nur vom Vater war keine Nachricht mehr gekommen.

Ob der Großvater das Kriegsende gut überstanden hatte? Anja und Heiner machten sich per Fahrrad auf den Weg. Sie brauchten acht Stunden, bis sie an der Süder-Elbbrücke aufgehalten wurden. Nach einigem Hin und Her stellten die Engländer ihnen einen Passierschein aus, damit sie ihren Großvater suchen konnten. Er saß in seiner notdürftig wieder hergerichteten Wohnung und freute sich, dass die beiden kamen.

Anja besuchte auch den Schulrat, der bestand darauf, dass sie in Gudow bleiben sollte. Also, wieder zurück. Dieses Mal bekamen sie an der Anlegestelle in Harburg eine Fähre nach Blankenese und dann fuhren sie über Ahrensburg zurück. Das war mit der geringen Verpflegung, die Doris ihnen mitgegeben hatte, eine unglaubliche körperliche Anstrengung, aber sie schafften es.

In Gudow in der Schule, die wieder von den Engländern geräumt worden war, waren zwei junge Männer untergeschlüpft, die sich vor den inzwischen nachgerückten Amerikanern versteckten.

Sie waren Flamen und hatten in der flämischen SS -Division gekämpft. Daniel und Leo arbeiteten bei verschiedenen Bauern und brachten immer etwas zu essen mit.

Als Doris und die Kinder im Herbst nach Harburg zurück wollten, boten sie sich an, ihre wenige Habe zu transportieren. Von dort aus wollten sie sich dann in ihre Heimat absetzen.

Bis auf Anjas Akkordeon, das Daniel meisterhaft zu spielen verstand und das sie nachbringen wollten, lieferten sie auch alles gut ab. Sicher haben sie das Instrument gebraucht, um sich als Musikanten durchzuschlagen, aber

Anja nahm ihnen übel, dass sie ihre Hilfe so lohnten. Sie meinte, sie hätten wenigstens fragen sollen und später das Instrument zurückgeben können. Aber sie hörten nie wieder etwas von den beiden.

Die Familie fand Unterkunft beim Großvater, der ihnen ein Zimmer zur Verfügung stellte. Es war zwar nur ein Fenster heil, das andere war mit Brettern vernagelt, aber sie hatten wenigstens ein Dach über dem Kopf.

*   *   *

Luftaufnahme des zerstörten Wohnviertels

10. Neuanfang

Vieles in der Stadt war zerstört, aber die Einwohner begannen sofort, sich wieder mit den zur Verfügung stehenden Mittel Unterkünfte zu schaffen. Doris bekam von einem Möbeltischler zwei Räume angeboten, um wieder ein Geschäft zu eröffnen, denn die Versorgung der Menschen hatte Vorrang. Vom Wirtschaftsamt bekam sie eine Grundmenge an Nahrungsmittel bewilligt, die genau abzurechnen war. Die Lebensmittelkarten galten weiter, die Rationen waren gering und wurden immer weniger. Das alles focht aber die Mutter nicht an, denn sie hatte ihre Lieben heil durch den Krieg gebracht und noch während der Laden ausgebaut wurde, stand der Vater vor der Tür. Er konnte zwar noch nicht viel zum Unterhalt der Familie beitragen, denn die Post stellte ihn nicht gleich wieder ein, aber er half tatkräftig mit, den Laden herzurichten.

Da die Beamten Mitglieder der Partei gewesen waren, mußten sie viele Fragebögen ausfüllen, Leumundszeugen bringen, die ihre Unbedenklichkeit, ein öffentliches Amt zu bekleiden, bestätigten. Da man Erik nichts vorwerfen konnte, er niemanden denunziert und geschädigt hatte, konnte er dann nach einigen Wochen wieder als Postbote anfangen.

Inzwischen lief Doris Geschäft bereits ganz gut. Das Abrechnen mit den Lebensmittelmarken wurde immer komplizierter.

Sie mußte sehr aufpassen, denn es kamen auch Leute, die ungültige oder sogar gefälschte Marken bei ihr eintauschen

146

wollten. Einige Male nahm sie unwissentlich sogenannte „Reisemarken" an, die sich bei der Abrechnung als gefälscht herausstellten. Das war ein folgenschwerer Verlust, denn es blieb ihr weiter nichts übrig, als die fehlenden Marken durch die eigenen zu ersetzen. Dann gab es für die Familie weniger zu essen. Doris konnte nicht, wie andere Geschäftsleute, die noch Vorräte über den Krieg gerettet hatten, solche Verluste anders ausgleichen. Sie war dem Wirtschaftsamt für jedes Gramm Butter, Brot oder Zucker verantwortlich. So sah sie es jedenfalls. Später stellte sich heraus, dass ihre Ehrlichkeit nur ihr selbst geschadet hatte.

* * *

Winter 1945/46
Anja hatte eine Zeitlang im Geschäft geholfen und bemühte sich nun um Wiedereinstellung in den Hamburger Schuldienst. Da alle Lehrer, vor allem Junglehrer ebenfalls Mitglieder der NSDAP gewesen waren, wurde Anfang 1946 ein sogenannter Entnazifizierungskurs eingerichtet. Die jungen Leute nannten ihn unter sich „Entbräunungskurs". Als der Kurs begann, herrschte noch kaltes Winterwetter. Die Räume, in denen der Kursus abgehalten wurde, waren ungeheizt. Oft saßen die jungen Leute mit nassem Zeug und nassen Schuhen mehrere Stunden dort, ohne recht zu begreifen, was nun eigentlich von ihnen erwartet wurde. Es war praktisch eine weitere Ausbildung, nur verbunden mit Kälte und Hunger. Anja

war gezwungen, alte Schuhe ihrer Großmutter anzuziehen, da sie selbst keine brauchbaren mehr hatte. Großmutters Schuhe aber waren eng und drückten sehr.

Die Lebensmittelrationen wurden immer weniger und erst jetzt, nach dem Krieg, begannen die Menschen zu hungern. Der Kursus wurde beendet, ohne das die Teilnehmer schon ein Ergebnis mitgeteilt bekamen.

Im Herbst 1946 erklärte Anja den Eltern, dass sie den Bruder ihrer Freundin heiraten wollte, der aus dem Lazarett entlassen worden war und notdürftig bei Verwandten untergebracht war.

Vom Wohnungsamt gab es für die beiden ein Zimmer in der Stadt, in einer Wohnung, in der schon eine Familie als Untermieter bei der Ehefrau eines noch nicht heimgekehrten Soldaten wohnte. Das Zimmer wurde mit einem von den Schwiegereltern geliehenen Bett und einem Kleiderschrank ausgestattet und einem Tisch mit zwei Hockern, Dinge, die man für Zigaretten bei einem Tischler kaufen konnte.

Das große dreiteilige Fenster war zum größten Teil mit Dachpappe vernagelt, nur in der Mitte gab es ein kleines viereckiges Fensterglas.

Zum Kochen hatten die beiden eine elektrische Kochplatte, da der Strom zeitweise aus Ersparnisgründen vom E-Werk abgeschaltet wurde, mußte man aufpassen, dass man rechtzeitig eine warme Mahlzeit kochen konnte. Außerdem war der Strom rationiert und man durfte nicht mehr verbrauchen, als den einzelnen Familien von Amtes wegen zugeteilt worden war. In einer Zimmerecke stand ein eiserner Kanonenofen, aber es gab dafür nur eine geringe Zuteilung Kohlen.

Als es dann im Winter 1946/47 sehr kalt wurde, griffen viele Menschen zur Selbsthilfe, begannen im Wald Bäume zu fällen als Feuerholz oder stahlen von den Kohlenwaggons die Briketts.

Die eingesetzten Polizisten, die ja zu Hause auch kein Heizmaterial hatten, drückten wohl manchmal ein Auge zu und ließen die Kohlendiebe laufen. Es kam aber auch vor, dass sie den Leuten, die sich den Gleisen näherten, schon vorher Säcke und Taschen abnahmen, in der Annahme, dass diese ja doch nur wieder „Kohlen klauen" wollten. Ganz Wagemutige sprangen auf die fahrenden Züge und warfen die Briketts herunter. Einige sind dabei auch zu Schaden gekommen, andere wurden von der Polizei verhaftet, kamen aber gleich wieder frei. Es froren ja auch die Polizeibeamten.

Der Schulbetrieb war noch nicht wieder aufgenommen, aber die Lehrer mußten jeden Morgen an die Schulkinder eine warme Mahlzeit ausgeben. Die Kinder kamen mit Töpfen und Schüsseln, zum Teil von den Müttern begleitet, damit ja niemand die Kostbarkeit verschüttete, von der oft noch die restliche Familie etwas abbekam. Auch die Lehrkräfte durften sich eine Portion mit nach Haus nehmen und so überstanden sie diesen harten Winter.

Anja war seit dem Dezember 1946/47 wieder zum Schuldienst zugelassen. Als dann der Unterricht wieder aufgenommen wurde, war es nicht leicht, so völlig ohne

Material den Unterricht zu bestreiten. Die Kinder hatten keine Hefte, die Lehrer bekamen pro Tag ein Stück Kreide vom Hausmeister zugeteilt. Die Klassen waren bis auf den letzten Platz besetzt, zeitweise hatte Anja 45 bis 50 Kinder in der Klasse. Man konnte von außen kaum hereinkommen, denn ein Tisch und vier Stühle standen unmittelbar vor der Tür und mußten erst beiseite geschoben werden, wenn die Kinder die Klasse verließen.

Hausaufgaben konnte man nur wenig geben, denn das Schreibmaterial bestand aus aufgerissenen Tüten, manchmal wurden auch die Rückseiten alter Briefe noch beschrieben. Eines Tages schrieb eine Mutter auf den abgerissenen Rand einer Zeitung:

Mein Sohn konnte leider seine Schulaufgaben nicht machen, der Kaufmann brauchte die Tüte.

Ein anderes Mal gab ein Kind eine Hausaufgabe ab, die auf die Rückseite eines Liebesbriefes geschrieben war, der offensichtlich der größeren Schwester gehörte. Aber das Wichtigste war immer noch mittags eine warme Mahlzeit für die Schüler, die von der Militärregierung geliefert wurde.

Zur Versorgung des Töchterchens, das im Januar 1948 geboren wurde, wurde ein junges Mädchen eingestellt, die während Anjas Abwesenheit auf das Kind aufpaßte. Es war ein Flüchtlingsmädchen, das mit seinen Eltern und Geschwistern in sogenannten „Nissenhütten" auf einem freien Platz in der Nähe wohnte. Der Name „Nissenhütten" war zutreffend, denn schon nach kurzer Zeit stelle Anja

150

fest, dass ihre kleine Tochter völlig verlaust war. Sie mußte sich von der Schule für ein paar Tage beurlauben lassen, sehr zum Ärger ihrer damaligen Schulleiterin. Aber die ganze Flüchtlingsansiedlung war offensichtlich von dem Ungeziefer befallen.

Doris und Erik hatten sich hinter dem Geschäft ein Zimmer notdürftig eingerichtet, die Jungen waren beim Großvater untergebracht. Um die Familie wieder unter einem Dach zusammenzubringen, begann Erik im nächsten Jahr in seiner Freizeit mit Hilfe der Söhne und des Schwiegersohnes das Dach einer Villa dicht zu machen. Der Besitzer hatte ihm erlaubt hatte, in dem bis dahin unbewohnten, stark beschädigten Haus eine Wohnung auszubauen.

Baumaterial war knapp, vieles wurde aus den Trümmern geborgen und Ziegelsteine abgeklopft, um sie wieder zu verwerten. Überall in den Trümmern der zerbombten Häuser konnte man vor allem Frauen sitzen sehen, die mit einem Hammer den Mörtel von den Mauersteinen abklopften, um sie für die Reparatur weniger beschädigter Häuser zu benutzen.

Dafür mußte man aber eine schriftliche Genehmigung vorweisen können, sonst wurden die gereinigten Steine beschlagnahmt. Auch Anja und ihr Vater saßen stundenlang in den Trümmern und schafften dann mit einem geliehenen Handwagen die geborgenen Steine zur Baustelle. Wieviele Steine man bergen durfte, wurde ganz genau berechnet und festgelegt.

Als die Wohnung fertig war, gab Doris das Geschäft ab,

und sie zogen aus Großvaters Wohnung aus, der eine alte
Tante von Doris bei sich aufnahm. So war er versorgt und
Doris konnte sich um andere Dinge kümmern.
Sie bestellte den großen Garten hinter dem Haus und
beaufsichtigte auch gern einmal ihr erstes Enkelkind.
Anja erwartete das zweite Kind und war mit dem Umzug
in eine etwas größere Wohnung beschäftigt. Wieder
wohnten sie zur Untermiete, dieses Mal in einem Zwei-
Familienhaus ganz in der Nähe der Eltern. Das Wohn-
Schlafzimmer befand sich im Erdgeschoß, zwei Treppen
höher war eine Dachkammer als Küche ausgebaut. In
dieser Küche stand ein Feldbett, auf dem eine junge Frau
aus dem Osten schlief, die die Betreuung des Kindes
übernahm.
In dieser Wohnung wurde 1949 das zweite Kind, ein Junge
geboren. Nach einigen Monaten stellte sich dann heraus,
dass der Sohn des Wohnungsinhabers offene Lungentuber-
kulose hatte. Dieser junge Mann saß immer in der Küche,
wenn Anja dort Wasser holen mußte, denn im Dachge-
schoß gab es keinen Anschluß.
Jetzt setzte sich eine Säuglingsfürsorgerin dafür ein, dass
die junge Familie umquartiert werden müsse. Das war aber
nicht so leicht, denn Wohnraum war nach wie vor knapp.
Ende 1949 hatte Erik dann die rettende Idee. Er wollte zu
seinem Vater zurück, denn die alte Tante konnte nun zu
ihren Kindern ziehen.
Dann sollte Anja mit ihrer Familie in die Villa umziehen,
in die inzwischen der Besitzer auch zurückgekehrt war.
Dank der Arbeit, die Erik mit seiner Familie geleistet

152

hatte, war das Haus so nach und nach wieder bewohnbar gemacht worden.

Zuerst schien der Besitzer mit diesem Tausch auch einverstanden. Als Erik dann am Ausziehen war, nahm er seine Zusage plötzlich zurück. Da packte Anja kurz entschlossen ihren Hausrat ein, bestellte einen Möbelwagen und als ihr Mann von seiner Arbeit nach Hause kam, waren die Möbelpacker dabei, alles in die vom Vater geräumte Wohnung zu tragen.

Der Hauswirt protestierte laut auf der Straße, holte sogar die Polizei. Die jungen Polizisten lachten nur und sagten, sie hätten auch Schwierigkeiten mit verrückten Hausbesitzern. Vorsichtshalber aber sollten sie einen Schrank in der alten Wohnung lassen. Dann saßen sie alle noch in der Küche zusammen und sangen gemeinsam einen Schlager: "Wir zahlen keine Miete mehr, wir sind im Freien zuhaus."
Die Miete, die die jungen Leute dann bezahlen wollten, wies der Hauswirt zurück und verklagte sie sofort auf Räumung, mit der sie sich auch einverstanden erklärten, falls sie eine bessere Wohnung zugewiesen bekämen.
Niemand konnte von ihnen verlangen, dass sie in die Wohnung zu dem Kranken zurückgingen. Die Zuweisung einer anderen Wohnung ließ aber auf sich warten. 1950 wurde das dritte Kind hier geboren. Die junge Familie hatte inzwischen die Schwiegermutter mit zwei Kindern bei sich aufgenommen, die bisher in K. auf dem Lande untergebracht waren. Dann sahen die Beamten des Wohnungsamtes endlich ein, dass die inzwischen nun

fünfköpfige Familie eine eigene Wohnung in einem Neubau bekommen mußte. Die Schwiegermutter zog zu Bekannten in eine Dachgeschoßwohnung. Nach einiger Zeit erhielten sie dann eine neue Wohnung, in der die Kinder dann auch ein kleines Kinderzimmer hatten.1952 wurde ihr dritter Sohn geboren.

Inzwischen hatte auch Heiner seine Ausbildung bei der Polizei begonnen, Erik besuchte das Gymnasium, das er mit einem ausgezeichneten Abitur abschloß. Nachdem auch Heiner geheiratet hatte und Erik sein Studium begann, das er zeitweise in Wien absolvierte, war es ruhig geworden um die Eltern.

Sie übernahmen die Wohnung des inzwischen verstorbenen Großvaters, Erik engagierte sich im Personalrat der Post, dessen Vorsitzender er bald wurde.

Ihre Freizeit verbrachten sie im Garten von Doris Groß-vater, den sie sich mit dem ältesten Bruder teilten, der das Haus geerbt hatte.

Die Schar der Enkelkinder wuchs und als Erik mit fünfundsechzig Jahren 1969 in Pension ging, waren es insgesamt neun. Doris hatte also als Großmutter genug zu tun, zu langweilen brauchte sie sich nicht. Aber Erik suchte sich eine neue Beschäftigung. Da er leiden-schaftlicher Autofahrer war, fuhr er noch etliche Jahre bis zu seinem siebzigsten Lebensjahr als Bote für eine große Firma und verdiente sich etwas zu seiner Pension dazu.

Inzwischen hatten sie sich ihre Wohnung wieder schön eingerichtet, es war praktisch das dritte Mal, dass sie sich einen Hausstand anschaffen mußten. Jetzt begannen sie etwas für die Gesundheit zu tun. Eriks bevorzugtes Urlaubsgebiet war nach wie vor der Harz.

Die beiden genossen diese Jahre der Ruhe und Harmonie, die anfangs auch nicht durch das Erscheinen der erwachsenen Tochter aus Helsinki gestört werden konnte, die mit ihrer Tochter nun endlich den Vater und Großvater kennenlernen wollten. Doris akzeptierte die junge Frau, die ihr sympathisch war. Anja nahm sie ebenfalls freundlich auf, war es doch ihre Halbschwester. Sie hätte immer gern eine Schwester gehabt.

Als dann aber die beiden Frauen im nächsten Jahr einen zweiten Urlaub bei den Eltern verbringen wollten, lehnten Heiner und seine Frau diese Verwandtschaft strikt ab. Es war das erste Mal, dass sich der Sohn gegen seinen Vater stellte. Niemand konnte diese Haltung so recht verstehen, denn man war nach dem Krieg in vielen Dingen wesentlich liberaler geworden. Uneheliche Kinder waren keine Schande mehr.

Doris geriet in großen Zwiespalt. Ihre Gefühle schwankten hin und her, es flossen wieder viele Tränen und letzlich entschloß sie sich dann auch, diese „Eindringlinge" in ihre Familie nicht wiederzusehen.

Zum ersten Mal war Anja richtig böse auf ihren Bruder, weil er die Mutter so falsch beeinflußt hatte und sie praktisch zu dieser ablehnenden Haltung gezwungen hatte. Warum mußte ein erwachsener Sohn sich so kleinlich anstellen? Warum konnte er nicht tolerant sein und seinen Eltern allein die Entscheidung überlassen?

Doris war deshalb in einen Gewissenskonflikt geraten, so dass ihre bisher harmonische Ehe wieder in eine Krise zu geraten schien. Nur dadurch, dass Erik sich stillschweigend fügte und keine weiteren Versuche unternahm, seine Tochter wiederzusehen, konnte die häusliche Harmonie wieder hergestellt werden. Sie feierten am 13. 6. 1975 ihre goldene Hochzeit mit ihren Kindern und Enkeln und fuhren danach wie immer wieder in den Harz.

Mitte der achtziger Jahren fing Doris an zu kränkeln. Ihr Gedächtnis ließ sie manchmal im Stich. Es gab Momente, da erkannte sie Erik nicht mehr, glaubte, einen fremden Mann im Haus zu haben und die Tochter mußte sie mehrfach davon überzeugen, dass alles in Ordnung sei.

Nach einem Schlaganfall war sie halbseitig gelähmt und konnte auch kaum noch sprechen. Auf Rat des Arztes schickte man sie mit Erik zusammen in ein Sanatorium in den Harz. Als beide nach sechs Wochen zurückkamen, hatten die Ärzte ein kleines Wunder vollbracht. Doris konnte wieder gehen und sprechen und hat dann auch noch mit stundenweiser Hilfe durch eine Nachbarin ihren Haushalt versehen können. Auch ihre Sprache war wieder einwandfrei. Ihr ungeheurer Wille wieder gesund zu werden, hatte ihr geholfen.

Diese letzten gemeinsamen Jahre waren ruhig und harmonisch. Die beiden hatten keine finanziellen Sorgen, denn sie waren bescheiden und freuten sich an ihrem Garten und den Enkelkindern, deren Zahl beständig wuchs. Inzwischen waren sie auch Urgroßeltern geworden und besonders Doris liebte die Kinder sehr. Erik konnte mit kleinen Kindern weniger anfangen, er war ein wenig ungeschickt im Umgang mit ihnen.

Fünf Jahre waren Doris noch gegönnt, dann wiederholte sich der Schlaganfall und sie mußte ins Krankenhaus. Mit 86 Jahren schlief sie für immer ein und ließ einen ziemlich hilflosen Erik zurück.

Dieser mußte sich nun ganz umstellen. Die Nachbarin hielt ihm die Wohnung sauber. Er selbst ging täglich einkaufen in die Stadt, saß abends allein vor dem Fernseher und freute sich immer, wenn ihn eins seiner Kinder besuchte. Der jüngste Sohn, der in einer anderen Stadt lebte, holte ihn mehrfach zu sich, aber er hielt es dort nie lange aus. Es zog ihn immer wieder in seine vertraute Umgebung, zurück in die Wohnung, in der er glücklich war.

Eins machte ihm zunehmend Sorgen. Der älteste Sohn, der sich anfangs auch sehr um ihn bemühte, zeigte ihm aber immer wieder, dass er alt sei und bedrängte ihn, seine finanziellen Dinge durch ihn erledigen zu lassen. Er wollte eine Vollmacht vom Vater haben und ließ keine Gelegenheit aus, ihn immer wieder darauf anzusprechen. Erik wehrte sich dagegen. War man nicht mehr geschäftsfähig mit 88 Jahren? Er war immer noch im Vollbesitz seiner geistigen Kräfte, auch wenn er körperlich schwächer geworden war.

Es kam zu einer erregten Auseinandersetzung, nach der der Sohn den Kontakt zu seinem Vater wütend abbrach. Erik litt sehr darunter. Er fand Trost im Zusammensein mit seiner Enkelin und deren Töchtern, die ihn immer wieder besuchten, für ihn Wege erledigten und ihm das Gefühl gaben, nicht allein zu sein.

Zum ersten Mal in seinem Leben hatte er eine so enge Beziehung zu Kindern aufgebaut, wie es vorher nie möglich gewesen war. Er liebte die beiden Urenkelinnen so sehr, dass er ihnen eines Tages einen vor langer Zeit geäußerten Wunsch erfüllte, und ihnen ein Pferd kaufte. Er schrieb einen Zusatz zu seinem Testament, dass gerade diese Enkelin und ihre Töchter, sowie Eriks Frau, die ihn längere Zeit pflegte und ihm an seinem letzten Tag besonders beistand, extra bedacht werden sollten. Leider war diese Verfügung ungültig vor dem Nachlaßgericht, nachdem die Söhne dagegen klagten. Aber das erlebte er glücklicherweise nicht , er überlebte seinen 89. Geburtstag nur um ein paar Tage.

Nach einem langen, bewegten, aber glücklichen Leben schlief er eines Nachts sanft ein.

Auch wenn sein innigster Wunsch nicht mehr in Erfüllung gegangen war, und das Leben im letzten Jahr ihm große Enttäuschungen gebracht hatte, so fand er doch bei der nachwachsenden Generation die Liebe, die ihm sein Ältester zuletzt aus unerklärlichen Gründe entzogen hatte. Seine große Nachkommenschaft wird ihn in guter Erinnerung behalten. Vieles hat sich im Laufe dieses Jahrhunderts verändert. Ob seine Enkel in Frieden leben können, weiß niemand zu sagen. Zwei Kriege für eine Generation hinterließen ihre Narben. Ob die Menschen auch klüger wurden nach diesen Erfahrungen ist sehr zweifelhaft.

158

Jetzt zum Ende des Jahrhunderts toben Kämpfe zwischen den Menschen auf allen Erdteilen. Nicht einmal Europa blieb verschont und der Kampf im Kosovo ist nur scheinbar beendet. Es ist wieder dunkel geworden auf der Welt und in den Herzen der Menschen.

Das große Spiel, das man das Leben nennt, wird wie gewohnt weitergehen.

Inhalt